AF222773

IMPRESSUM

Herstellung und Verlag: Books on Demand GmbH, Norderstedt
Umschlaggestaltung: Dr. Claus Erlacher, Gallneukirchen
2. Auflage
© 2010 Mario Pilz, Gallneukirchen

ISBN 978-3-8391-8913-9

Mario Pilz

Die Entwicklung der Schulklasse als Gruppe hin zur Klassengemeinschaft

Handbuch für
Lehrer und Gruppenleiter
als Entwicklungshelfer

Danksagung und Widmung

Folgenden Personen möchte ich danken,
und darum sei dieses Buch ihnen gewidmet:

Mag. Bernd Badegruber
Dr. Erich Mayrhofer
Gerlinde Roidinger
Richard und Margit Pilz

Vorwort

Mit Ende der siebziger Jahre ist soziales Lernen immer mehr in den Hintergrund gerückt. Seit einigen Jahren nimmt dieses Thema jedoch wieder an gesellschaftlichem Wert zu – das heißt, nicht die Bedeutung sozialer Kompetenzen für die Gesellschaft ist gestiegen, sondern in der Gesellschaft hat das Bewusstsein über die Wichtigkeit sozialen Lernens wieder zugenommen.[1]

Ganz abgesehen von der Meinung der Gesamtgesellschaft stellen soziales Verhalten, gegenseitige Anerkennung und Zugehörigkeit wichtige Grundpfeiler für das Wohlbefinden des Einzelnen dar. Die Rolle, die das soziale Wohlbefinden für die Persönlichkeitsentwicklung spielt, ist enorm – unter Umständen wird dabei darüber entschieden, ob es im Leben eines Menschen zur Selbstverwirklichung kommen kann. Die sozialen Gebilde, denen ein Mensch im Laufe eines Lebens angehört, nehmen einen wesentlichen Einfluss auf dessen Befindlichkeit und somit darauf, ob er sein individuelles Potential ausschöpfen kann.

Für Kinder bedeutet der Einstieg in die Schule meist einen gravierenden Einschnitt in ihr Leben. Die Einfügung in die Gemeinschaft der Klasse entscheidet mit über das Wohlbefinden und die Entwicklung der einzelnen Schüler im weiteren Verlauf der Schulzeit. Jedoch auch nach der Schulzeit wird jeder Mensch – in welcher Form auch immer – mit Gruppen zu tun haben, seine Position darin definieren und sich zurechtfinden müssen.

Aufgrund eigener, intensiver Erfahrungen mit Gruppen und deren Bedeutung für mein Leben ist mir die Aufarbeitung der Hintergründe und Effekte gruppendynamischer Entwicklungsprozesse ein persönliches Anliegen.

Der Leser wird bemerken, dass in diesem Buch ausschließlich männliche Bezeichnungen für Schüler, Lehrer, Gruppenleiter u. dgl. verwendet werden. Ich bin mir bewusst, damit die Empörung so mancher Leser he-

---

[1] Inwieweit die gesellschaftliche Anerkennung sozialer Kompetenzen auf wirtschaftliche Forderungen zurückzuführen ist, bleibt hier unbeantwortet.

raufzubeschwören, jedoch entspricht es meiner persönlichen Meinung, dass Emanzipation keine äußere Formalität oder ein gesellschaftlicher Zwang sein sollte, sondern eine innere Einstellung – die Auswirkung autoritativer Macht.

Inhaltsverzeichnis

Einführung

Dieses Handbuch setzt sich zum Ziel, den Prozess der Gruppenentwicklung in der Schulklasse aufzuarbeiten und Maßnahmen darzulegen, welche die Entstehung einer Klassengemeinschaft fördern.
Grundsätzlich wird dabei das Hauptaugenmerk insbesondere auf die Situation in der Volksschule gerichtet und versucht, diese durch entsprechende empirische Studien zu belegen. Allerdings läuft die Entwicklung einer Gruppe bzw. Gemeinschaft im Wesentlichen immer nach dem gleichen Schema ab und daher können die hier dargestellten Prinzipien auf jegliche Gruppe angewendet werden.

Zu Beginn des Buches wird vorerst die Relevanz des Themas beleuchtet, um einerseits die Auswahl des Themenschwerpunkts zu begründen und andererseits aber auch das Interesse des Lesers zu wecken. Das Augenmerk liegt vorwiegend auf der Bedeutung der Klassengemeinschaft für den Schüler sowie für den Lehrer. Ein kurzer Einblick in die durch den Lehrplan der Volksschule gestellten Forderungen gibt Aufschluss über die gesetzlichen Grundlagen der Schule als sozialer Lebens-, Erfahrungs- und Lernraum.

Die Klärung grundlegender Begriffe steht im Mittelpunkt des zweiten Kapitels. Aufgrund der vielen verschiedenen Definitionen in der Literatur stellt die Begriffsabgrenzung einen unabdingbaren Teil der Auseinandersetzung dar.
Neben der Festlegung der Kennzeichen einer Gruppe gilt es, die Klassengemeinschaft zu definieren, zu klären, was eine effektive Gruppe ausmacht, und zu bestimmen, was unter Gruppendynamik zu verstehen ist.

Im dritten Kapitel wird die Schulklasse als Gruppe untersucht, wobei vor allem die Merkmale einer Klassengemeinschaft im Unterschied zu einer informellen Klassengruppe herauszuarbeiten sind.
Der Kommunikationsprozess als Schlüsselfunktion für die Bildung einer Klassengemeinschaft bildet den Übergang zum nächsten Teil der Arbeit,

der sich mit den Begriffen Kommunikation und Interaktion beschäftigt. Die grundlegende Bedeutung gegenseitigen Austauschs wird dargelegt und Interaktionsspiele als gute Möglichkeit zur Erreichung gruppenorientierter Entwicklungsziele beschrieben.

Eine Analyse der einzelnen Gruppenentwicklungsphasen wird zum Thema des fünften Kapitels gemacht und umfasst den größten Teil dieser Arbeit. Das hier dargestellte System setzt sich aus Vorschlägen und Methoden verschiedener Autoren zusammen. Dabei wird insbesondere auf Ansätze von STANFORD, TSCHIRA und STAHL und empirische Studien von PETILLON zurückgegriffen.

Am Beginn des Abschnitts „Orientierung" wird zunächst die Situation des Schulanfängers erörtert.

Die Ausführungen über die Einführung von Normen nach STANFORD sind so umfangreich, dass dieser Teil – um die Proportionalität der Arbeit zu wahren – in der Gliederung der Arbeit den gleichen Stellenwert einer eigenen Entwicklungsphase bekommt.

Am Ende des Abschnitts „Vertrautheit und Wohlbefinden" wird der Leser mit einem Exkurs zur Frage der Außenseiterproblematik an die Realität des Innenlebens einer Gruppe erinnert.

Der Höhepunkt der Existenz einer Gruppe wird im Stadium der Produktivität erlebt. Das Kapitel über Gruppenentwicklung endet mit der Darstellung der Abschluss- und Trennungsphase.

Abschließend wird ein Blick auf die Rolle des Lehrers geworfen. Die Macht des Lehrers wird unter die Lupe genommen und dessen möglicher Einfluss auf die Schülergruppe diskutiert. In welcher Form die Macht des Lehrers angewandt werden soll, stellt sich durch die Analyse verschiedener Führungsstile heraus.

Die Zusammenfassung am Ende soll nicht nur einen Überblick über die wichtigsten gewonnenen Erkenntnisse geben, sondern dieses Handbuch auch abrunden.

Fußnoten wurden gesetzt, um auf bestimmte Aspekte näher einzugehen, solche exakter zu klären oder auf weiterführende Literatur hinzuweisen. Zitierte Textstellen wurden – wenn nötig – in die neue Rechtschreibung übertragen.

1 Bedeutung der Klassengemeinschaft

Relevant ist das Thema dieses Buches aufgrund des großen Nutzens und der Anzahl von Vorteilen, welche die Arbeit in und mit funktionierenden Gruppen bringt. Hierbei geht es nicht nur um rationelle Ziele wie Effektivität oder Produktivität sondern insbesondere auch um Aspekte in Bezug auf Gefühle wie etwa Einigkeit, Vertrauen und Freude. Solche Gruppen fallen jedoch nicht vom Himmel[2], sondern müssen sich erst – oft in langfristigen Prozessen[3] – entwickeln. Das Wissen um soziale Strukturen und Entwicklungsphasen von Gruppen befähigt den Gruppenleiter einen positiven Einfluss auf den Verlauf des Gruppenentwicklungsprozesses zu nehmen.

Eine gute Klassengemeinschaft und die Fähigkeit der Schüler zur Teamarbeit stellen einen **affektiven als auch kognitiven Nutzen für den Schüler** sowie eine **Entlastung für den Lehrer** dar.

Auch aus politischer Sicht hat der Erfahrungs- und Lernbereich „Gemeinschaft" Signifikanz[4]: Das Lernen sozialen Verständnisses und Handelns trägt zur **Verwirklichung der demokratischen Ideologie** bei. Unter anderen Kooperation, Solidarität, Toleranz, Kritikfähigkeit und die Fähigkeit mit gesellschaftlichen Regeln und Normen umgehen zu können sind Kompetenzen, die das persönliche Engagement und Verantwortungsbewusstsein im Zusammenleben als mündige Bürger fördern.

Nicht zuletzt die Wirtschaft profitiert von der Ausbildung teamfähiger Arbeitskräfte. Wie schon im frühen 19. Jahrhundert amerikanische Industrieforscher unter der Leitung von ELTON MAYO[5] bei Untersu-

---

[2] Vgl. TSCHIRA 2003, S. 202 f. (Entwicklungsstadien einer Gruppe: ein „Wir-Gefühl" fällt nicht vom Himmel).

[3] Vgl. LEHRPLAN DER VOLKSSCHULE 2002, S. 226

[4] Nach HURRELMANN besteht eine der beiden Hauptaufgaben der Schule in der politisch-kulturellen Integrationsfunktion. (Vgl. HURRELMANN in TSCHIRA 2003, S. 24, Anm. 7).

[5] Vgl. hierzu u. a. GUKENBIEHL in SCHÄFERS 1980, S. 52 f. und Kapitel 2.1.1

chungen bezüglich der Optimierung der Produktivität feststellten, steigt die **Leistungsfähigkeit der Mitarbeiter** mit der Qualität der menschlichen Beziehungen (*„human relations'*) untereinander.[6]

Im Folgenden wird eine detailliertere Analyse der Bedeutsamkeit der Klassengemeinschaft für den Schüler und den Lehrer vorgenommen sowie die Grundlegung im Lehrplan der Volksschule abgehandelt.

1.1 Bedeutung für den Schüler

Das Selbstbild des Menschen – insbesondere des Kindes – wird im Umgang mit Mitmenschen konstatiert. Der Wert, der einer Person in der Gruppe zugeschrieben wird, übt einen entscheidenden Einfluss auf deren Selbstwertgefühl aus. Im Kindesalter finden wesentliche Schritte zur Entwicklung der eigenen Identität statt, darunter auch das Erfahren der eigenen Rolle und Stellung in der Gruppe.

Empirische Untersuchungen von Schülern der ersten beiden Schuljahre zeigen, dass Mitschüler im Vergleich zu Lehrern und zur Institution Schule eine größere Bedeutung haben, als bis dahin vermutet wurde. Die prozentuale Gewichtung von sozialen Erfahrungen im Zusammenhang mit Mitschülern liegt bei ca. 80%! (Vgl. PETILLON 1993, S. 71 f.).

Aus der Sicht des Kindes spielt sich der Großteil des Schullebens also im Umgang mit Klassenkameraden ab.

Ob ein Kind als Freund, Spielpartner oder Sitznachbar gewählt wird, hängt allerdings bedeutend von dessen guten Schulleistungen ab. Andererseits wird die Schulleistung von einer positiven sozialen Stellung begünstigt. Daraus ergibt sich folgender Circulus vitiosus[7]:

Ein ohnehin schon leistungsstarker Schüler wird relativ leicht zum Freund erklärt; diese günstige soziale Stellung fördert wiederum die Leistungsfähigkeit des Schülers. Das leistungsschwache Kind hingegen

---

[6] Allerdings zeigte sich in neueren Untersuchungen (PUTZ-OSTERLOH/ THIEME 1994), dass Teamarbeit nicht in jedem Fall zwangsläufig zu einer Leistungssteigerung führt. (Vgl. PUTZ-OSTERLOH/PREUSSLER in AR-DELT-GATTINGER/LECHNER/SCHLÖGL 1998, S. 76 ff.).

[7] lat.: verhängnisvoller Kreislauf von Ursache und Wirkung

hat auch noch mit sozialer Anerkennung zu kämpfen, wodurch die Kraft, die es für schulische Leistung aufbringen kann, weiter geschwächt wird und die Kontaktmöglichkeiten in der Gruppe in weiterer Folge noch geringer werden. (Vgl. PETILLON 1993, S. 182).

Positiv anzumerken ist, dass im Laufe der ersten beiden Schuljahre bei der Wahl der Freunde die Wertung sozialer Eigenschaften zunimmt. Diese äußern sich vor allem in gemeinsamen Aktivitäten und gegenseitigem Helfen. (Vgl. PETILLON 1993, S. 132).

Die Schulung sozialen Verhaltens soll dabei helfen, eine Klassengemeinschaft aufzubauen bzw. eine Klassengemeinschaft hilft beim sozialen Lernen. Gemeinnütziger Umgang untereinander **steigert das Wohlbefinden** jedes einzelnen Gruppenmitglieds, fördert das Arbeiten als Gruppe bzw. Team und schließlich wird dadurch auch die Lernmotivation und somit **die Leistungsfähigkeit[8] der Schüler verbessert**.

Teil einer Klassengemeinschaft zu sein, bedeutet jedoch nicht nur, von anderen anerkannt zu werden, sondern auch andere anzuerkennen. Soziale Kompetenzen bzw. die Regeln des Zusammenlebens als Gruppe bzw. Gemeinschaft müssen erst gelernt, gemeinsame Werte, Normen und Ziele müssen erst gefunden und verinnerlicht werden.

In der Einzelarbeit ist soziales Lernen kaum möglich, darum ist es die Aufgabe des Lehrers, die Sozialform seines Unterrichts so zu wählen, dass – soweit möglich – den Schülern die Gelegenheit zur Partner- oder Gruppenarbeit geboten wird. Auf diese Weise werden neben fachlich-kognitiven überdies sozial-affektive Kompetenzen gefördert.

So unwissenschaftlich es auch klingen mag, letztendlich geht es doch darum, dass die Kinder Spaß und Freude am Lernen und an den Freundschaften untereinander empfinden. Da sie einen erheblichen Teil ihres jungen Lebens in der Schule verbringen, kommt diesem Anliegen vermehrte Bedeutung hinzu. Wenn sich die Schüler gut miteinander verstehen, bildet dies eine gewisse Basis für die Erreichung dieser Ziele.

---

[8] Vgl. hierzu SCHACHL 1998, S. 47-51: Positive Gefühle fördern sowohl die Lernmotivation als auch geistige Aufnahmefähigkeit.

1.2 Bedeutung für den Lehrer

Es besteht kein Zweifel daran, dass eine gute Klassengemeinschaft auch dem Klassenlehrer Vorteile bringt. Das Klassenklima übt einen bedeutsamen Einfluss auf die Unterrichtsatmosphäre und die Klassenführung aus. Teamfähige Schüler sind bereit, Verantwortung (für sich und andere) zu übernehmen und auftretende Konflikte möglichst selbst zu lösen. Einerseits wird durch Teamentwicklung ein effektives Helfersystem angestrebt und andererseits ebenso ein Erziehungssystem geschaffen, indem einerseits jeder auf den anderen bedacht ist und andererseits niemand die Sicherstellung des konstruktiven Arbeitsprozesses stören will. Die Regeln, Normen und Werte, die im Rahmen des Gruppenentwicklungsprozesses aufgestellt wurden, kommen hier zur Geltung. Je mehr die Kinder im gemeinsamen Arbeiten geübt sind, desto eigenständiger werden sie als Gruppe. Dies hat eine **enorme psychische und physische Entlastung des Lehrers** zur Folge. (Vgl. KLIPPERT 1998, S. 44 f.).

Von Lehrern, die mit ihren Schülern gruppendynamische Übungen zur Förderung der Gruppenentwicklung durchführen, wird unter anderem festgestellt, dass dadurch sowohl die Gemeinschaft der Schüler als auch deren soziale Kompetenzen gestärkt werden, die Diskussionsfähigkeit und Selbstständigkeit sowie die Disziplin in der Klasse zunehmen und in weiterer Folge **Störungen im Unterricht stark abnehmen**. (Vgl. STANDFORD 2002, S. 23 f.).

Der Aufbau einer Klassengemeinschaft ist gleichzeitig die Bildung informeller Strukturen, die soziales Verhalten und gegenseitige Anerkennung begünstigen. Wenn sich die Schüler einer Klasse miteinander wohl fühlen, ruft dies im Lehrer ebenfalls ein Wohlgefühl hervor – und falls er am Gruppenentwicklungsprozess beteiligt war – vielleicht sogar ein befriedigendes Gefühl. Des Weiteren wird eine Verschiebung in der Kommunikation zwischen den Schülern und dem Lehrer zu beobachten sein: Die Beziehungsebene tritt vermehrt in den Vordergrund und die Sachebene rückt etwas in den Hintergrund. Die dabei entstehenden informellen Sozialkontakte des Lehrers mit den Kindern schaffen einen vertrauensvollen Umgang und günstige Voraussetzungen für gegenseitigen Respekt.

1.3 Verankerung im Lehrplan der Volksschule

Eigentlich sollten die oben angeführten Argumente genügen, die Bedeutung der Gruppenentwicklung in der Schulklasse zu begründen; der Vollständigkeit halber soll hier die Grundlegung der Gruppenentwicklung jedoch auch im Sinne des Lehrplans dargelegt werden.

Ungefähr die Hälfte des im Lehrplan der Volksschule dargelegten allgemeinen Bildungsziels behandelt **die Schule als sozialen Lebens-, Erfahrungs- und Lernraum.**
Die Volksschule hat die Aufgabe Schüler zu Gliedern der Gesellschaft zu machen, die von Solidarität, Toleranz, Verantwortungsbewusstsein und sozialem Verständnis geprägt sind und dem politischen und weltanschaulichen Denken anderer offen gegenüberstehen. Dies soll vor allem durch soziales und interkulturelles Lernen sowie durch Schulung der Fähigkeit, Konflikte zu lösen, die sich aus dem Zusammenleben oder Interessensunterschieden ergeben, geschehen. Den Kindern soll die Gelegenheit geboten werden, ihre Bedürfnisse und Interessen unter Berücksichtigung anderer Personen wahrzunehmen und zu vertreten.
(Vgl. LEHRPLAN DER VOLKSSCHULE 2002, S. 19 – 22).

2 Begriffsklärung

Im Folgenden soll versucht werden einige Begriffe zu definieren, deren Bedeutung sich jedoch in der Auslegung mancher Forscher mehr oder minder unterscheidet.[9] Darum sei an dieser Stelle ausdrücklich darauf hingewiesen, dass hier kein Anspruch auf Vollständigkeit erhoben wird. Dennoch oder gerade deswegen versteht der Autor es als seine Aufgabe, die für diese Arbeit relevanten Begriffe gemäß seinem Verständnis – gestützt auf fundamentierter Literatur – klarzustellen.

Bevor jedoch der Begriff der Klassengemeinschaft dargestellt werden kann, bedarf es einer Definition der Gruppe und deren möglichen Formen. Die Klassengemeinschaft stellt nicht zuletzt eine Ausformung einer Gruppe da.

2.1 Was wird als Gruppe bezeichnet?

Im Laufe des Lebens gehört jeder Mensch durchschnittlich zwischen fünf und acht verschiedenen sozialen Gruppen an. (Vgl. SCHÄFERS 1980, S. 11). Jedoch ist nicht alles, was im Alltag als Gruppe bezeichnet wird, eine Gruppe im sozialpsychologischen Sinne. Eine mögliche Kategorisierung von Ansammlungen von Menschen bietet PETER R. HOFSTÄTTER (in WELLHÖFER 1993, S. 5 f.), indem er diese in sechs verschiedene soziale Einheiten einteilt: Familie, Gruppe, Verband, Klasse, Masse und Menge.[10]

Mit **Menge** sind mehrere Personen gemeint, die sich zufällig zur selben Zeit am selben Ort befinden (Supermarkt, Haltestelle, Theater) und in

---

[9] Alleine in WELLHÖFERS (1993, S. 5 ff.) Buch „Gruppendynamik und soziales Lernen" sind fünf verschiedene Definitionen für „Gruppe" zu finden! Vgl. hierzu auch GÖTZ-MARCHAND in SCHÄFERS 1980, S. 146 f. sowie HARTFIEL/HILLMANN 1982, S. 279 f.

[10] Neben der Einteilung HOFSTÄTTERS existieren in der Typologie sozialer Gebilde noch viele weitere kategorisierende Begriffe wie etwa Institution, Organisation, Assoziation, Klan, Großgruppe und Kategorie. Auf diese wird hier jedoch nicht näher eingegangen.

keinem unmittelbaren, bedeutungsvollen Kontakt zueinander stehen. Falls diese Ansammlung von Menschen jedoch ein gemeinsames (stark reduziertes) Ziel verfolgt und aktive Kommunikation stattfindet, handelt es sich um eine **Masse**. Darunter fallen unter anderen etwa Stadionbesucher oder Demonstranten. Als **Klasse** bezeichnet HOFSTÄTTER alle Menschen, die ein gemeinsames Merkmal haben oder die eine bestimmte Eigenschaft verbindet. Dabei brauchen sich diese Leute nicht einmal zu kennen. Alle Raucher, alle VW-Golf-Fahrer, alle Lehrer usw. gehören somit jeweils bestimmten Klassen an. Falls sich nun beispielsweise einige VW-Golf-Fahrer zu einer (relativ abstrakten) Gemeinschaft zusammenschließen, um ein gemeinsames Ziel zu erreichen – zum Beispiel vielleicht die Legalisierung von Autowettrennen durch die Stadt –, so haben sie einen **Verband** gegründet.

Nach HOFSTÄTTER besteht das primäre Ziel einer **Familie** in der Erfüllung eines Selbstzweckes – nämlich im Erhalt der Nachkommenschaft; dies zeigt den Unterschied zur Gruppe auf und erklärt den Sonderstatus der Familie.[11] Die Merkmale einer **Gruppe** bestehen im Vorhandensein eines Rollensystems, also einer gewissen sozial strukturierten Ordnung, und dem Zusammenwirken der einzelnen Personen, deren Aktivitäten bzw. Anstrengungen einem gemeinsamen Ziel dienen.

Aus sozialpsychologischer Sicht umfasst eine Gruppe zwischen drei und ca. 25 Personen, die in relativ kontinuierlicher Beziehung stehen. Zuweilen kommt es vor, dass auch eine Dyade als (Zweier-) Gruppe bezeichnet wird, jedoch herrschen in dieser Art der Beziehung besondere Bedingungen vor, wodurch sie als eine Sonderform betrachtet wird.

Um von einer Gruppe sprechen zu können, müssen die Beziehungen unter den Gruppenmitgliedern aus einem unmittelbaren (face-to-face-) Kommunikations- bzw. Interaktionsprozess bestehen, also nicht durch mittelbaren, wie etwa durch Briefkontakt, Telefon oder Internet. Gruppen sind durch gemeinsame Ziele, Normen und Werte der einzelnen Gruppenmitglieder gekennzeichnet. (Vgl. u. a. RECHTIEN 1999, S. 13). STAHL (2002, S. 11 f.) verwendet für das Gruppenübereinkommen be-

---

[11] Ob das primäre Ziel einer Familie der Erhalt der Nachkommenschaft ist, sei kritisch dahingestellt. In Wirklichkeit spielt die Familie als Primärgruppe jedenfalls eine wichtige Rolle in der elementaren Sozialisierung. (Vgl. hierzu Kapitel 2.1.2).

züglich des Ziels und der gemeinschaftlich anerkannten Verhaltensmuster den Begriff ‚Gruppenvertrag'. Der Gruppenvertrag ist jedoch eine dynamische Größe, das bedeutet, dass er jederzeit Veränderungen unterliegen kann.

Über die Mindestdauer der Beziehung kann nichts Genaueres angegeben werden. Allerdings erscheint es plausibel anzunehmen, dass sich ein soziales Gebilde erst dann Gruppe nennen darf, wenn darin gruppendynamische Prozesse stattfinden und sich ein gewisses Wir-Gefühl eingestellt hat.

Wir fassen die Merkmale einer Gruppe zusammen:
Eine Gruppe besteht aus **drei bis ca. 25 Personen**, die über einen **längeren Zeitraum** in **unmittelbarem Kommunikationsprozess** stehen und ein **gemeinsames Ziel** verfolgen, welches durch eine **Rollen- bzw. Aufgabenverteilung** erreicht werden soll. Die Gruppenmitglieder weisen **gemeinsame Werte und Normen** auf und empfinden ein **Wir-Gefühl**. (Vgl. hierzu u. a. SCHÄFERS in KORTE/SCHÄFERS 1998, S. 85).

Gruppen werden wiederum nach verschiedenen Gesichtspunkten eingeteilt. Hier sollen nur einige angeführt werden:

2.1.1 Die formelle und die informelle Gruppe[12]

Das Begriffspaar „formell" und „informell" steht für den Gegensatz zwischen förmlich, ausdrücklich, auf die Form oder Struktur achtend und formlos, unausgesprochen und der Form weniger Beachtung schenkend. (Vgl. GUKENBIEHL in SCHÄFERS 1980, S. 51).
Geprägt wurden die Begriffe der formellen bzw. der informellen Gruppe in den 30er Jahren durch ELTON MAYO (1880 – 1949) und seine Mitarbeiter. Im Rahmen der betriebswirtschaftlichen Industrieforschung in

---

[12] Die formelle und informelle Gruppe werden hier idealtypisch dargestellt. In der Arbeitswelt treten beide Gruppen in Kombination auf. (Vgl. ARDELT-GATTINGER/GATTINGER in ARDELT-GATTINGER/LECHNER/SCHLÖGL 1998, S. 4).

den Hawthorne Werken, die eigentlich der Optimierung von Produktivität dienen sollte, wurde die Entdeckung gemacht, dass die Leistungsfähigkeit der Arbeiter nicht nur durch formelle (physische, geplante...), sondern auch durch informelle (soziale, zwanglose...) Umstände beeinflusst wird. (Vgl. u. a. GUKENBIEHL in SCHÄFERS 1980, S. 52 f.).

Die **formelle Gruppe** ist eine von außen geplante und gesteuerte Einrichtung, in der sowohl das anzustrebende Ziel sowie die Rollenverteilung nicht aus ihrer Mitte entspringen. Nicht zuletzt aufgrund der ebenfalls von außen zwangsläufig bestimmten Mitgliedschaft wird sie auch als ‚Zwangsgruppe' bezeichnet. Der **Plancharakter** einer formellen Gruppe kommt nicht nur durch die definierte Organisationsstruktur und Mitgliedschaft zu tragen, sondern auch durch ein klar formuliertes, (meist) leistungsorientiertes Ziel, wobei nicht unbedingt alle Mitglieder interagierend am selben Ziel arbeiten müssen und die Aufgabenverteilung eine koagierende Struktur aufweisen kann. In rein formellen Gruppen beschränkt sich die Kommunikation lediglich auf die **Sachebene**.[13] (Z. B.: Arbeiter am Fließband, Operationsteam, Vorstandssitzung). (Vgl. u. a. SCHWONKE in SCHÄFERS 1980, S. 44 f.).

Die **informelle Gruppe** bildet sich nach und nach aufgrund von **sozialen Bedürfnissen** und **gefühlsbezogenem Handeln** meist aus einer formellen Gruppe, wobei deren Entwicklung durch spontane oder zufällige Interaktionsvorgänge passiert und darum nicht geplant[14] werden kann. Die Mitgliedschaft in einer informellen Gruppe ist freiwillig; hier zählen keine rationellen Fakten, sondern eher subjektive Empfindungen. Die Rollenverteilung geschieht durch innerhalb der Gruppe ablaufende Prozesse und nicht durch Planung von außen. Beispiele für informelle Gruppen wären etwa: Stammtisch im Gasthaus, Hobby-Bergsteiger, Familie beim Fernsehen. (Vgl. u. a. MEYER 1987, S. 238 f.).

---

[13] In der Definition des Begriffs Gruppe wird das ‚Wir-Gefühl' angeführt. Die Frage, inwiefern dieses in einem ‚rein formellen' Sozialgebilde vorhanden ist, wäre zu klären. – Was unterscheidet eigentlich eine formelle Gruppe von einer Anzahl vernetzter Computer?

[14] Die Entwicklung einer informellen Gruppe kann zwar nicht unmittelbar geplant werden, im weiteren Verlauf dieser Arbeit wird jedoch ersichtlich, dass diese von außen allerdings wesentlich beeinflusst bzw. gefördert werden kann!

2.1.2 Die Primär- und die Bezugsgruppe

Als **Primärgruppen** sind alle Sozialgebilde zu verstehen, die primär an der Sozialisation eines Individuums beteiligt sind. Sie verhelfen den Gruppenmitgliedern zur Ausbildung und Behauptung ihrer sozialen I-dentität und stellen außerdem eine Ausgleichsfunktion zu den Anforderungen sekundärer[15] Gruppen dar. (Vgl. u. a. SCHÄFERS 1980, S. 72). Daraus lässt sich schließen, dass Primärgruppen eine **essentielle Funktion für die psychosoziale Gesundheit der Gesellschaft** zukommt. Als Paradebeispiel für Primärgruppen gilt die Familie, jedoch sind auch religiöse Gruppen, Selbsthilfegruppen und vor allem der enge Freundeskreis darunter einzuordnen.

Bezugsgruppen sind jene Gruppen, soziale Kategorien und Subkulturen, denen sich eine Person zugehörig fühlt und an deren Werte, Normen, Handlungsmuster und Sichtweisen sie sich orientiert. (Vgl. u. a. HARTFIEL/HILLMANN 1982, S. 93).
Normalerweise sind Primärgruppen zugleich auch Bezugsgruppen. Dies hängt jedoch davon ab, ob sich die Person mit den Werten, Normen oder Sichtweisen der jeweiligen Gruppe identifiziert. (Vgl. GUKEN-BIEHL/SCHÄFERS in SCHÄFERS 1986, S. 120).

2.1.3 Die Gleichaltrigen-Gruppe bzw. die Peergroup

Eine Gruppe von gleich alten Kindern bzw. Jugendlichen wird als Peergroup bezeichnet.[16]

---

[15] Sekundärgruppen sind durch einen höheren Grad an Förmlichkeit als Primärgruppen gekennzeichnet und verlangen daher oft das Tragen ‚sozialer Masken' und das Erfüllen formeller Forderungen. Dies entfällt in Primärgruppen weitgehend - insofern sind sie in ihrer Entlastungsfunktion zu sehen.
[16] Im ursprünglichen Sinne wären alle Gruppen, die sich sozio-ökonomisch bzw. sozio-kulturell gewissermaßen in der gleichen Lage befinden, als Peergroups zu bezeichnen. In der soziologischen Literatur hat sich der Begriff jedoch als Be-

Die Bedeutung von Peergroups liegt einerseits in ihrer **Schutz- und Ausgleichsfunktion**[17] und andererseits in ihrer **Sozialisationsfunktion**. Gleichaltrigen-Gruppen bieten Kindern und Jugendlichen zugleich einen Zufluchtsort gegenüber dem Leistungs- und Anpassungsdruck der Erwachsenenwelt wie auch ein soziales Übungsfeld für das Erlernen gesellschaftlicher Verhaltensregeln. In Peergroups finden die jungen Menschen Verständnis für ihre Fragen und Schwierigkeiten, die sich aus Sexualität und Wachstum ergeben. (Vgl. MACHWIRTH in SCHÄFERS 1980, S. 252 – 254). Jeder Mensch hat das Bedürfnis nach engen und wirklichen Beziehungen, in denen positive wie auch negative Gefühle, Emotionen und Erfahrungen spontan und angstfrei zum Ausdruck gebracht werden dürfen und neue Verhaltensmuster ausprobiert werden können und das Individuum trotz allem akzeptiert wird. (Vgl. ROGERS 1974, S. 18).

,Peers' können leicht zu Bezugs- oder Primärgruppen für Jugendliche werden. (Vgl. GUKENBIEHL/SCHÄFERS in SCHÄFERS 1986, S. 120 f.).

Durch die Wirkung des Gruppendrucks durch Gleichaltrige kann es zu einer ,gruppenorientierten Charakterbildung' kommen, deren wichtigste Merkmale Geschmack und Mode sind. (Vgl. MACHWIRTH in SCHÄFERS 1980, S. 254).

Allerdings muss zwischen Peergroups von Kindern und Peergroups von Jugendlichen unterschieden werden. In der Jugendlichen-Gruppe ist einerseits das Verständnis für soziales Verhalten stärker ausgeprägt, andererseits wirken die Gesetze des Gruppendrucks in Kinder-Gruppen weniger stark. (Vgl. MACHWIRTH in SCHÄFERS 1980, S. 246).

---

zeichnung für gleichaltrige Kinder und Jugendliche durchgesetzt. (Vgl. MACHWIRTH in SCHÄFERS 1980, S. 246).

[17] Nicht alle Gruppen Gleichaltriger bieten ihren Gruppenmitgliedern zwangsläufig Schutz und Ausgleich (z. B. Außenseiter einer Schulklasse). Demnach wären nicht alle Gruppen mit gleich alten Kindern oder Jugendlichen a priori Peergroups.

2.2 Vier Gruppenfeldtypen

Gestützt auf das Riemann-Thomann-Kreuz[18] ergeben sich zwei Gegen-
satzpaare, die das Wesen einer Gruppe bestimmen: **Dauer – Wechsel**
und **Nähe – Distanz.** Nach STAHL (2002, S. 253 – 259) können daraus
vier idealtypische ‚Gruppenfelder' formuliert werden: ‚Gemeinschaft',
‚Truppe', ‚Team' und ‚Haufen'. Diese treten – wie die meisten anderen
sozialen Gebilde – vorwiegend in Mischformen auf. Welche Ausformung eine Gruppe auch haben möge, die Mitglieder der jeweiligen
Gruppen verbindet immer **ein gewisser Konsens,** eine stille oder ausgesprochene Übereinkunft[19] darüber, welches Ziel auf welchem Weg erreicht werden soll. Ein Verstoß gegen diesen Konsens wird als gruppen-
feindlich betrachtet und als Gefahr gesehen. Allerdings hat jede Gruppe
auch ihre Knautschzone, die sich in der ‚Verkraftbarkeit' kleinerer Ab-
weichungen äußert.

2.2.1 Der „Haufen"

Der Haufen ist von **Distanz und Wechsel** geprägt. Die Beziehungen
zwischen den Gruppenmitgliedern sind durch ein hohes Maß an Sach-
lichkeit gekennzeichnet und bieten keinen Platz für Vertraulichkeiten
oder Gefühlsäußerungen; sie dienen vorwiegend als Mittel zum Zweck
ein bestimmtes Ziel zu erreichen. Dabei spielen persönliche Freiheit und
Unverbindlichkeit eine größere Rolle als etwa gute Kooperation oder
das Bieten von Sicherheit. In extremen Fällen kann das Freiheitsdenken
zu Eigensinn und Egozentrik führen, was wiederum Auflösungserschei-
nungen zur Folge haben kann. Daher stellt ein Haufen **eine eher insta-
bile Gruppe** dar. (Vgl. STAHL 2002, S. 257 f.).

---

[18] Vgl. hierzu „Das Riemann-Thomann-Kreuz" in STAHL 2002, S. 219 ff.
[19] Vgl. hierzu „Der Gruppenvertrag" in STAHL 2002, S. 11ff. sowie S. 247 –
252

2.2.2 Die „Truppe"

Als Truppe wird jener Gruppenfeldtyp bezeichnet, der von **Dauer und Distanz** dominiert wird. In dieser Gruppe herrschen eine klare Hierarchie und ein darauf basierender sachlich-förmlicher Umgangsstil. Jedes Gruppenmitglied ist sich seiner Rolle und seiner Pflicht bewusst und strebt mit Korrektheit und Leistungsbereitschaft nach dem gemeinsamen, rationellen Ziel. Dieses messbare Ziel steht auch über spontanem, ungeplantem (unsachlichem) Handeln sowie jeglichen ‚emotionalen Tönen'. Einerseits bietet die Truppe ihren Mitgliedern Sicherheit, indem durch Ordnung und Disziplin geregelte Abläufe bewirkt werden, andererseits beinhaltet sie durch ihre Sachorientiertheit auch die Gefahren der Intoleranz, Gnadenlosigkeit und Kälte. Diese Art von Gruppe ist **vor allem in männlich dominierten Arbeitswelten** zu finden. Beispiele hierfür sind etwa im Militär und im Bank- oder Verwaltungswesen vertreten. (Vgl. STAHL 2002, S. 255 f.).

2.2.3 Das „Team"

Das Team wird von den Strömungen des **Wechsels und** der **Nähe** beeinflusst. Jedem Teammitglied wird möglichst viel Freiheit und Spielraum und gleichzeitig Sicherheit im Dazugehören geboten. Die Beziehungen untereinander sind von Warmherzigkeit, Offenheit und Teamgeist geprägt. Wenn an einer Sache gewerkt wird, so *„stürzen sich die Beteiligten mit Haut und Haaren hinein und vergessen darüber Essen, Trinken und die Arbeitszeiten"*. Auch Angelegenheiten des Privatlebens dürfen in Teams gerne zum Thema gemacht werden. **Im Mittelpunkt stehen die Mannschaft und der Spaß an der Sache**, wobei das sachliche Ziel der Gruppe nur zweitrangig ist. Die Rollenverteilung im Team ist nicht statisch festgelegt - Einzelkämpfer und Dickköpfe passen jedoch nicht in dieses soziale Gebilde. Lebendigkeit, Intensität, Flexibilität und Kreativität sind markante Kennzeichen von Teams. Aufgrund dieser Merkmale ist Teamfähigkeit in der heutigen Wirtschaft ein beliebter Charakterzug von Mitarbeitern. Eine Übertreibung dieser Eigenschaften kann jedoch zu Disziplinlosigkeit, Inkonsequenz und Gleichmacherei führen. (Vgl. STAHL 2002, S. 256 f.).

2.2.4 Die „Gemeinschaft"

Dieses Gruppenfeld ist von **Dauer und Nähe** geprägt und zeichnet sich durch ein **starkes Zusammengehörigkeitsgefühl** (Wir-Gefühl) aus. Die Gruppenmitglieder verbindet Solidarität, gegenseitige Fürsorge und e-motionale Wärme; im Mittelpunkt stehen persönliche Beziehungen. Ähnlich einer Familie bietet eine Gemeinschaft Geborgenheit und Si-cherheit. Die Mitgliedschaft muss nicht erworben werden, sondern wird bedingungslos anerkannt. Allerdings werden individualistisches und ü-berschwängliches Verhalten als Bedrohung für die Frage der Zusam-mengehörigkeit gesehen. Freiheit ist in einer Gemeinschaft demnach al-so nur begrenzt möglich, da andernfalls die gebotene Sicherheit zu kurz kommen könnte. Übersteigert kann aus dem Zusammengehörigkeitsge-fühl ein gezwungenes ‚Harmoniediktat' werden, in dem Zwangs-Solidarität und Scheinheiligkeit überhand nehmen. Gemeinschaftliche Gruppen werden u. a. durch Theatergruppen, Betriebsräte, Selbsthilfe-gruppen und Familien repräsentiert. (Vgl. STAHL 2002, S. 254 f.).

TÖNNIS (in SCHÄFERS 1986, S. 101) definiert Gemeinschaft als So-zialgebilde, in dem *„Menschen in organischer Weise durch ihren Willen miteinander verbunden sind und einander bejahen"*.

2.3 Die Klassengemeinschaft

In der vorliegenden Arbeit ist die Klassengemeinschaft als eine Mi-schung der beiden Gruppenfeldtypen „Gemeinschaft" und „Team" zu verstehen. Aus der formellen Schulgruppe soll *ein* informelles Sozialge-bilde werden, in dem Solidarität, Nähe, ein starkes Wir-Gefühl sowie ein freundlicher Umgang untereinander den Gruppenmitgliedern Sicherheit und gemeinschaftlichen Rückhalt geben. Jedoch ist es die Aufgabe der Gruppe, sich offen Konflikten und Problemen zu stellen, sodass diese mit Aufrichtigkeit, Verständnis und Disziplin gelöst werden können.

Gleichzeitig sollen gegenseitige Anerkennung, Respekt und Toleranz zu einem gewissen Maß an Freiheit[20] für den Einzelnen führen.

Das Arbeitsklima in der Gruppenarbeit ist von Begeisterung und Verantwortungsbewusstsein gleichermaßen geprägt, wobei jedes Gruppenmitglied gemäß seinen Talenten und Fähigkeiten gefordert ist.
Die Ziele einer Klassengemeinschaft sind einerseits das **soziale Wohlbefinden** der einzelnen Gruppenmitglieder und deren **effizientes Zusammenwirken in Gruppenarbeiten** andererseits.[21]

Der **Lehrer** stellt ebenfalls einen Teil der Klassengemeinschaft dar. Durch seine formale Rolle nimmt er zwar eine Sonderstellung ein, jedoch übt der Lehrer durch seine **Vorbildrolle** durchaus einen erheblichen Einfluss auf die Entwicklung und das Bestehen der Gemeinschaft in der Klasse aus.

2.4 Die effektive Gruppe

STANFORD setzt die erfolgreiche Schulklasse einer effektiven Gruppe gleich und listet folgende Kennzeichen als deren Merkmale auf:

1)   *„Die Gruppenmitglieder verstehen und akzeptieren sich gegenseitig.*

2)   *Die Kommunikation ist offen.*

3)   *Die Mitglieder fühlen sich für ihr Lernen und Verhalten verantwortlich.*

4)   *Die Mitglieder kooperieren miteinander.*

5)   *Müssen Entscheidungen getroffen werden, gibt es festgelegte Verfahrensregeln.*

---

[20] Im Sinne des systemischen Denkens endet die Freiheit des Einzelnen dort, wo die Einengung des anderen beginnt. Als Metaregel gilt hier das Prinzip der Aussage „Was ich nicht will, dass man mir tut, das füge ich auch keinem anderen zu!" (Vgl. hierzu ROTTHAUS 2002, S 136-140).
[21] Dies entspricht ebenfalls den Zielen STANFORDS (2002, S. 12), welche er durch gruppendynamisches Training verwirklichen wollte.

6)   *Die Mitglieder sind fähig, sich offen mit Problemen ausei-*
      nanderzusetzen und ihre Konflikte auf konstruktive Weise
      zu lösen.

      Erfolgreiche Klassengruppen sind – kurz gesagt – pro-
      duktive Arbeitsgemeinschaften."

                                              (STANFORD 2002, S. 13).

Im Hinblick auf die Merkmale einer Klassengemeinschaft kann daraus
geschlossen werden, dass diese prinzipiell einer effektiven Gruppe entspricht.
Hierbei stellt sich die Frage, ob eine Klassengemeinschaft die Folge einer effektiven Gruppe darstellt oder die Effektivität einer Gruppe als
Folge einer guten Klassengemeinschaft zu sehen ist oder aber beide
voneinander nicht zu trennen sind. Den Phasen der Gruppenentwicklung
entsprechend (Kapitel 1) ist Produktivität erst nach dem Aufbau von
Vertrautheit und Wohlbefinden einzureihen. Jedoch ist anzunehmen,
dass sich beide Bereiche gewissermaßen Hand in Hand entwickeln bzw.
der Übergang zwischen den Phasen fließend verläuft.

2.5   Gruppendynamik

Nach KURT LEWIN befindet sich jeder Mensch in einem Lebensraum
der als ‚soziales Kraftfeld' dargestellt werden kann. Dieses Kraftfeld ist
zu jedem Zeitpunkt subjektiv gefärbt, das bedeutet, jeder Mensch erlebt
eine bestimmte Situation aus seiner individuellen Sicht und gemäß seiner eigenen, inneren Einstellung. Je nach Wertvorstellung oder Vorlie-
ben fühlt sich die Person von dem einen oder anderen angezogen oder
abgestoßen, woraus in weiterer Folge sein persönliches Verhalten resul-
tiert. 1945 gründete LEWIN an der Harvard-Universität das For-
schungszentrum für Gruppendynamik, in der das Kräftespiel in und zwischen Gruppen untersucht und analysiert wurde. (Vgl. WELLHÖFER
1993, S. 3 f.).
Es ist unmöglich, Menschen und deren Beweggründe gut genug zu kennen, um Verhaltensweisen absolut sicher voraussagen zu können. Die
Erklärung LEWINS über das Wirken des sozialen Kraftfelds stellt somit

eine elementare Erkenntnis für jeden Gruppenleiter dar, denn sie verdeutlicht, warum gruppendynamische Prozesse nicht bis ins Letzte geplant werden können bzw. manchmal anders als erwartet ablaufen.

STAHL definiert Gruppendynamik als die *,Lehre von den in Gruppen wirksamen Kräften'*. (2002, S. 15).

In der Literatur sind jedoch zumindest drei verschiedene Definitionen für Gruppendynamik zu finden:

(a) Gruppendynamik beschreibt die Wechselwirkung sozialpsychologischer **Kräfte** in sozialen Gebilden und begründet in Gruppen ablaufende Prozesse wie etwa Gruppenbildung, Rollenentwicklung und Beeinflussung.

(b) Des Weiteren wird mit Gruppendynamik die sozialpsychologische **Forschungsabteilung** bezeichnet, die sich mit sozialen Zusammenhängen zwischen Beziehungen in Gruppen, deren Auswirkungen und Entwicklung – also mit den unter (a) genannten Kräften und Prozessen – beschäftigt.

(c) Darüber hinaus wird Gruppendynamik als ,**Methodeninventar** zur Steuerung von Gruppenprozessen' verstanden. Damit sind Techniken und Verfahren gemeint, die Vorgänge in Gruppen verdeutlichen und beeinflussen sollen.

(Vgl. RECHTIEN 1999, S. 14 f.)

In diesem Buch ist der Begriff Gruppendynamik als *sozialpsychologisch begründete Bewegung innerhalb einer Gruppe* zu verstehen. Das bedeutet, jeglicher Ablauf in einer Gruppe, der auf Beziehungen, Strukturen und Normen innerhalb der Gruppe zurückzuführen ist, kann als gruppendynamisch bezeichnet werden.

Dies kommt der unter (a) beschriebenen Definition weitgehend gleich.

3 Die Schulklasse als Gruppe

Die Schulklasse als Gruppe bietet den Schülern viele Möglichkeiten soziale Aspekte zu erleben. Das Zurechtfinden in der Schülergruppe und die damit verbundenen gesellschaftlichen Erfahrungen spielen eine bedeutende Rolle in der sozialen Entwicklung des Menschen bzw. Schulanfängers. Die Auflistung folgender Aspekte nach PETILLON soll die Bedeutung der Gruppe der Schulklasse für die einzelnen Gruppenmitglieder verdeutlichen:

„Die Gruppe bietet die Möglichkeit,
- *sich mit anderen zu vergleichen (Aspekt:* **Bezugsgruppe***);*
- *sich einen Status im Hinblick auf Einfluss, Beliebtheit, u. a. zu erwerben (Aspekt:* **Gruppenstruktur***);*
- *Normen mitzubestimmen und zu befolgen lernen (Aspekt:* **Gruppennormen***);*
- *Zugehörigkeit zu erlernen (Aspekt:* **Sozialklima***);*
- *Gedanken auszutauschen, sich selbst darzustellen (Aspekt:* **Kommunikation***);*
- *Freundschaft zu schließen (Aspekt:* **Beziehung***);*
- *sich in Publikumssituationen zu bewähren (Aspekt:* **soziales Selbstbewusstsein***);*
- *Selbsterfahrung zu machen (Aspekt:* **Identität***);*
- *Auseinandersetzungen zu bestehen (Aspekt:* **Konflikt***);*
- *intensive Bindungen einzugehen (Aspekt:* **Freundschaft***);*
- *gemeinsam zu arbeiten und zu spielen (Aspekt:* **Kooperation***);*
- *Andersartigkeit zu erfahren (Aspekt:* **Toleranz***);*
- *sich für Gruppeninteressen zusammenzuschließen (Aspekt:* **Solidarität***)."*

(PETILLON 1993, S. 28 f.)

Zweifelsohne kommt den ersten Schuljahren eine gravierende Sozialisationsfunktion zu. Für viele Schüler findet in der Schulklasse die erste soziale Orientierung im Erfahrungsbereich Gesellschaft statt.

3.1 Die Schulklasse als formelle Gruppe

Alle Kinder und Jugendlichen vom 6. bis zum 15. Lebensjahr in Öster-
reich sind von der Schulpflicht betroffen. Die Mädchen und Buben werden in Schulklassen zu je ca. 25 bis 30 weitgehend gleichaltrigen[22] Kindern eingeteilt, in denen die Mitschüler für gewöhnlich über Jahre hin-
weg dieselben bleiben. Üblicherweise stammen die Schüler – besonders
jene der Volksschule – aus demselben Schuleinzugsgebiet. Das „offizielle[23]" Ziel dieser Organisation besteht in der Aneignung von Wissen
und Können in Vorbereitung auf das Leben und den künftigen Beruf,
worunter auch soziale Lernziele fallen, die allerdings in der Realität
immer wieder im Schatten der von der Leistungsgesellschaft geforderten
kognitiven Lernziele stehen. Der Lehrer fungiert als von der Schulver-
waltung vorgesetztes Leitungsorgan. Vorerst ist die Schulklasse aufgrund ihrer Entstehung und Struktur eindeutig als formelle Gruppe einzuordnen. (Vgl. HERLYN in SCHÄFERS 1980, S. 226-229). Jedoch ist
eine Entwicklung hin zur informellen Gruppe nicht auszuschließen –
nein, sie ist sogar anzunehmen.

Unter die bedeutsamsten Gesichtspunkte der Formalität einer Schulklasse, mit denen ein Schüler unmittelbar konfrontiert wird, fallen unter anderen der Lehrer als formeller Leiter der Gruppe und die mit der Erbrin-
gung von Leistung verbundenen Notengebung in ihrer Selektionsfunktion. Es ist anzunehmen, dass in höheren Schulstufen die Aspekte der
formellen Struktur stärker zu tragen kommen.[24]

---

[22] Ob eine Schulklasse in ihrem Anfangsstadium bereits als Peergroup zu bezeichnen ist, gilt zu bestreiten, da die Ausgleichs- und Sozialisationsfunktion
ohne das Vorhandensein informeller Strukturen nicht gegeben ist.

[23] Die „inoffiziellen" Ziele der Schule sind als der „versteckte Lehrplan" bekannt.

[24] Diese Vermutung lässt sich u. a. auf die zunehmende Bedeutung der Note in
ihrer Selektionsfunktion zurückführen.

3.2 Was macht die Schulklasse zur informellen Gruppe?

Im Hinblick auf die oben angeführte Definition bleibt zu klären, wodurch die formale Schulklasse zur informellen Gruppe wird. Die Anzahl der Schüler, der Zeitraum sowie die Rollen- und Aufgabenverteilung sind – wenn teilweise auch stark reduziert – bereits durch die Institution der Schule vorgegeben. Ebenso bestimmte Werte und Normen (z. B. Stundenplan, Notensystem) sind durch die Institution Schule formal festgelegt.

Es stellt sich heraus, dass den Schülern die Gelegenheit zur Kommunikation bzw. Interaktion gegeben werden muss und sich ein gewisses **Wir-Gefühl** einzustellen hat, bevor eine Schulklasse legitim als Gruppe zu definieren ist. Weiters ist festzustellen, ob das „offizielle" Ziel einer Klasse als gemeinsame Bestrebung der Gruppe zu sehen ist.[25]

Von Grund auf hat jeder Mensch das Bedürfnis nach Freundschaft, Sympathie und Anerkennung. Erfahrungsgemäß dauert es nicht lange, bis in der formellen Schulklasse diese Forderungen zu tragen kommen und sich informelle Beziehungen bzw. **Freundschaften** bilden und Kommunikation stattfindet. Im Allgemeinen entstehen zunächst einmal Paare oder kleinere Gruppen. (Vgl. HERLYN in SCHÄFERS 1980, S. 229). Untersuchungen zeigen, dass – neben einem attraktiven Äußeren – die Fähigkeit, mit anderen zu kommunizieren und Einfühlungsvermögen entscheidende Faktoren für Popularität sind. (Vgl. BRÜGGEN in SCHÄFERS 1980, S. 232). Wie leicht ein Kind einen Freund findet, hängt also wesentlich von seinen sozialen Fähigkeiten ab. Dies wird auch durch umfassende Studien von PETILLON (1993, S.129-138) bestätigt.

Zu beachten ist, dass äußere Aspekte – wie z. B. der Unterrichtsstil bzw. die Unterrichtsmethode des Lehrers, das Nebeneinandersitzen von Schülern und Pausenzeiten bzw. –längen – beachtliche Auswirkungen auf die

---

[25] Die diesbezügliche Problematik ergibt sich aus der Tatsache, dass die Leistungsbeurteilung für jeden Einzelnen und nicht für die Gruppe erfolgt. Folglich verfolgt jeder Schüler dieses Ziel eigentlich nur für sich selbst und nicht gemeinsam mit den Mitschülern als Gruppenziel. – Vgl. hierzu HERLYN in SCHÄFERS 1980, S. 227

Entwicklung innerer, informeller Strukturen haben können. (Vgl. HER-LYN in SCHÄFERS 1980, S. 235).

Zusammenfassend kann gesagt werden, dass die Schulklasse als Institution erst zur informellen Gruppe zu werden vermag, wenn sich darin informelle Prozesse abspielen können.

3.3 Was macht die Schulklasse zur Klassengemeinschaft?

Es gilt nun insbesondere den Unterschied zwischen der Schulklasse als Gruppe und der Schulklasse als Klassengemeinschaft herauszuarbeiten bzw. aufzuzeigen, was eine Klassengemeinschaft als Gruppe auszeichnet.

In jeder Schulklasse bilden sich zunächst informelle Beziehungen unter den Schülern, die sich in der Entstehung von Dyaden, Triaden, Cliquen und anderen kleineren Gruppen äußern. Nach und nach werden alle Kinder einander kennen und ein durch gemeinschaftlich (weitgehend) anerkannte Werte und Normen geprägtes Sozialsystem wird sich herausgebildet haben, in dessen Beziehungsformen die Kinder in unmittelbarer Kommunikation miteinander stehen und in dem sich das Bewusstsein der Zusammengehörigkeit entwickelt hat.

In einer „gewöhnlichen" Klasse bezieht sich das entstandene Wir-Gefühl allerdings lediglich auf das Bewusstsein der Zugehörigkeit zu einer Schulklasse als formelle Gruppe („Ich weiß, ich bin ein Schüler der 1b-Klasse.") – im Unterschied zur Klassengemeinschaft, in der sich eine gesamte[26] Schulklasse bewusst als eine informelle Gruppe im Sinne einer team-ähnlichen Gemeinschaft wahrnimmt („Ich fühle mich als Teil der 1b-Klasse."). Mit anderen Worten: Eine Klassengemeinschaft zeichnet sich durch ein **starkes Zusammengehörigkeitsgefühl**[27] aus, welches sich auf die gesamte Klasse als informelle Gruppe bezieht.

---

[26] Dies steht jedoch nicht im Gegensatz zum Vorhandensein kleinerer Untergruppen.

[27] Forscher konnten in Gruppen, in denen gruppendynamische Übungen vorgenommen wurden, ein besseres Gemeinschaftsgefühl und weniger Spaltungen feststellen als in deren Kontrollgruppen. Vgl. hierzu STANFORD 2003, S. 23. f.

Empirische Studien belegen jedoch, dass dies sehr selten der Fall ist. (Vgl. u. a. BRÜGGEN in SCHÄFERS 1980, S. 231). Eine eingehendere Beleuchtung gemeinschaftsfördernder Faktoren ist demnach durchaus angebracht.

Wie eng die sozialen Bindungen zwischen den einzelnen Schülern sind, hängt unter anderem davon ab, wie sehr den Kindern die Gelegenheit zur Entwicklung informeller Beziehungen geboten wird. Der Zusammenhalt einer Gruppe wird durch deren Kohäsion[28] und Kohärenz[29] bestimmt.

Müssen in einer Klassengemeinschaft denn alle Schüler mit allen ihren Mitschülern Freunde sein?
Tatsächlich betrachten Schulanfänger nur drei bis vier Mitschüler auch als ihre Freunde (Vgl. PETILLON 1993, S. 79), wobei durchschnittlich nur einer davon über die ersten beiden Schuljahre als Freund bezeichnet wird (Vgl. PETILLON 1993, S. 82). Abgesehen von einer hier nötigen Definition von „Freundschaft" soll an dieser Stelle auf die Begriffsbestimmung TÖNNIS' (siehe Kapitel 2.2.4) zurückgegriffen werden, wonach die Mitglieder einer Gemeinschaft einander bejahen – also dem Gegenüber eine positive Grundhaltung entgegenbringen.
Es ist anzunehmen, dass die Klasse (von Gleichaltrigen) nun ebenso eine Schutz- und Ausgleichsfunktion übernimmt, wodurch sie schließlich auch der Definition einer Peergroup entspricht.

Der Schlüssel zur Bildung einer Klassengemeinschaft scheint im Kommunikationsprozess[30] zu liegen. Erst durch den ungezwungenen, gegenseitigen Austausch in Form eines eigenständigen, spontanen Sozialle-

---

[28] lat.: der innere Zusammenhalt der Teile eines Ganzen (Vgl. HARTFIEL/HILLMANN 1982, S. 385); Maß für die Anzahl der auf Gegenseitigkeit beruhenden Beziehungen
[29] lat.: Zusammenhang (Vgl. HARTFIEL/HILLMANN 1982, S. 385); Maß für die Dichte des sozialen Netzwerks in der Gruppe durch die Gegenüberstellung der reziproken und nichtreziproken Beziehungen
[30] PAUL WATZLAWICK bemerkte „Man kann nicht nicht kommunizieren." Demgemäß ist Kommunikation auch hier in ihrer weitgehendsten Form zu verstehen.

bens in der Gruppe können gemeinschaftliche Werte und Normen und ein Zusammengehörigkeitsgefühl entwickelt werden.

Im folgenden Kapitel soll der Bedeutung der Kommunikation bzw. Interaktion in der Gruppe Beachtung geschenkt werden.

4 Gruppe und Kommunikation

4.1 Welche Rolle spielt Kommunikation?

*„Kommunikation ist eine unabdingbare Voraussetzung für die **Sozialisation** und **Persönlichkeitsbildung** genauso wie für die Entstehung und den Ablauf von sozialem Geschehen. Der Ausbau und die Störanfälligkeit von Kommunikationssystemen bestimmen entscheidend den Umfang und die **Wirksamkeit sozialer Gruppen** und Organisationen."*

(HARTFIEL/HILLMANN 1982, S. 390).

Die Voraussetzung für Kommunikation besteht im Zusammenwirken verschiedener Teilbereiche. Einerseits muss ein *Sender* vorhanden sein, der etwas mitteilen möchte, wobei das, was er mitteilen möchte, als *Nachricht* bezeichnet werden kann, und andererseits muss es einen *Empfänger* geben, der die Nachricht entgegennimmt. Bei Verständigungsschwierigkeiten kann es zu Rückmeldungen des Empfängers kommen, welche als *Feedback* bezeichnet werden. (Vgl. SCHULZ VON THUN 2003a, S. 25). Zu Missverständnissen kommt es vor allem dann, wenn die Botschaft vom Empfänger nicht so verstanden wird, wie sie vom Sender gemeint war. Allerdings gibt es eine Vielfalt an Interpretationsmöglichkeiten einer Nachricht[31] und entsprechend viele Ursachen für eventuelle Missverständnisse. **Das Lernen in Gruppen basiert** allerdings **hauptsächlich auf Kommunikation** und Dialog. (Vgl. LANGMAACK/BRAUNE-KRICKAU 1998, S. 8). Daher ist die Schulung der Kommunikationsfähigkeit eine grundlegende Voraussetzung für eine funktionierende Zusammenarbeit in der Gruppe. Insbesondere Rollenspiele und soziale Wahrnehmungsspiele eignen sich zur Förderung des Kommunikationsverständnisses. (Vgl. REISCH/SCHWARZ 2002, S. 82 ff.). Je mehr Vertrauen die einzelnen Gruppenmitglieder zueinander entwickeln, desto leichter wird von- und miteinander gelernt bzw. unter-

---

[31] Allgemein bekannt sind hierbei die vier Aspekte einer Nachricht von SCHULZ VON THUN (2003a, S. 26-30): Sachinhalt (worüber informiert wird), Selbstoffenbarung (was der Sender von sich selbst kundgibt), Beziehung (wie das Verhältnis zwischen den Kommunikationspartnern aussieht) und Appell (was der Sender mit seiner Aussage bewirken möchte).

einander kommuniziert. (Vgl. LANGMAACK/BRAUNE-KRICKAU 1998, S. 9).
Bereits bei grober Betrachtung der Gruppenentwicklungsphasen wird ersichtlich, dass keine dieser Phasen ohne Kommunikation ablaufen kann. Die Entwicklung einer Gruppe bedeutet den Auf- und Ausbau von Interaktionsbeziehungen zwischen den Gruppenmitgliedern. Ohne gegenseitigen Austausch kann also kein Gruppenentwicklungsprozess stattfinden.

Nicht zuletzt eine funktionierende Kommunikation zwischen dem Lehrer als Gruppenleiter und der Klassengruppe wird einen Einfluss auf das Geschehen in der Gruppe nehmen.
„Erziehung findet im Wesentlichen im Gespräch statt." (ROTTHAUS 2002, S. 116). Im Mittelpunkt des erzieherischen Gesprächs sollten jedoch weniger die Unzulänglichkeiten der Schüler oder Probleme aus Sicht des Lehrers stehen, sondern eher die Schwierigkeiten, die von den Kindern selbst erlebt werden. Allerdings sollte dabei darauf geachtet werden, besonders **erwünschtes Verhalten positiv hervorzuheben**. Wird eine entsprechende Verhaltensweise durch eine Person gelobt bzw. explizit anerkannt, die den Schülern wichtig ist, hat dies oft zur Folge, dass die Kinder vermehrt versuchen, diesem „offiziellen" Ideal nachzustreben.[32] (Vgl. ROTTHAUS 2002, S. 117-120). Hat es ein Lehrer geschafft, sein Vertrauensverhältnis zu den Schülern so auszubauen, dass sie ihn bzw. seine Meinung als wichtig erachten, haben seine Äußerungen offensichtlich eine Wirkung auf die in der Klasse geltenden Normen und Werte. Für die mögliche Einflussnahme des Leiters auf die Entwicklung der Gruppe ist diese Aussage von großer Bedeutung.

---

[32] Es wurden bereits Erfahrungen gemacht, in denen etwa die Aussage eines Lehrers: „Immer, wenn ich in eure Klasse komme, habe ich das Gefühl, dass ihr euch alle recht gut miteinander versteht und eine tolle Klassengemeinschaft habt." einen merkbaren, positiven Einfluss auf das Zusammengehörigkeitsgefühl einer Klassengruppe ausgeübt hat. - Ob es sich hier um einen positiven Verstärker oder eine sich selbsterfüllende Prophezeiung handelte sei dahingestellt. Wie dem auch sei – die Bemerkung hatte jedenfalls eine bemerkenswerte Auswirkung.

Interaktion bezeichnet jenen reziproken Kommunikationsprozess[33], in dem insbesondere die sozialen Beziehungen (→ Beziehungsebene) der Teilnehmer im Vordergrund stehen, wobei eine „face-to-face"-Situation vorausgesetzt wird. (Vgl. BOHNSACK in KORTE/SCHÄFERS 1998, S. 38). *„Eine Interaktion liegt vor, wenn ein Handelnder sich nicht nur am zufälligen oder gerade erkennbaren Verhalten eines anderen Handlungspartners, sondern auch und in erster Linie an dessen Erwartungen, positiven und negativen Einstellungen sowie Einschätzung und Bewertung der gemeinsamen Situation orientiert."* (HARTFIEL/HILLMANN 1982, S. 348).

Grundsätzlich sind also die meisten in einer Gruppe ablaufenden Prozesse als Interaktionen zu verstehen.

4.2 Axiome der Kommunikation der „Palo-Alto-Schule"

BATESON, BEAVIN, JACKSON, HEALEY und WATZLAWICK untersuchten in Palo Alto/Kalifornien Gesetzmäßigkeiten der menschlichen Kommunikation. Das Wissen um diese Axiome hilft dem Gruppenleiter kommunikative Vorgänge bzw. Interaktionen in der Gruppe zu erkennen und eventuell zu steuern. Im Folgenden werden die fünf von WATZLAWICK ausgearbeiteten Regeln der Kommunikation dargestellt. (Vgl. WELLHÖFER 1993, S. 38-43).

Regel 1: *„Man kann nicht nicht kommunizieren"*

---

[33] Die Begriffe Kommunikation und Interaktion werden in der Literatur verschieden interpretiert. Manche Autoren setzen die Bedeutung der beiden Begriffe weitgehend gleich. (Vgl. WELLHÖFER 1993, S. 37). Andererseits wird Kommunikation meist als Teilprozess der Interaktion verstanden. (Vgl. ABELS/STENGER 1989, S. 105). In Anbetracht der allgemeinen Verwendung des Kommunikationsbegriffs scheint es allerdings auch gerechtfertigt, Interaktion als eine spezielle Form der Kommunikation zu sehen.

Selbst Schweigen ist eine Form der Kommunikation, die Interpreta-
tionsversuche zulässt. Auch ein ‚Nichtverhalten' wird gemäß den
Erfahrungen des anderen als Verhalten interpretiert.
Für den Lehrer bedeutet das: Egal was er tut – oder auch nicht tut –
die Vorbildwirkung seines Verhaltens hat zu keiner Zeit Pause.

Regel 2: *„Jede Kommunikation hat einen Inhalts- und einen
Beziehungsaspekt"*

Prinzipiell vollzieht sich menschliche Kommunikation auf zwei E-
benen: Auf der Inhaltsebene und auf der Beziehungsebene. Die Inhaltsebene beschränkt sich lediglich auf den sachlichen Inhalt einer
Information. Die Botschaften der Beziehungsebene hingegen sagen
etwas über die Beziehung zum Gesprächspartner aus und werden
oft nonverbal vermittelt. Das Verständnis für die Unterscheidung
dieser beiden Ebenen ist grundlegend für die korrekte Interpretation
einer Aussage.
„Du kannst mir den Buckel runterrutschen!" etwa wird kaum als
sachliche Information zu verstehen sein, sondern eher als Hinweis
auf Spannungen in der Beziehung. Andererseits könnte gleichzeitig
durch die Körpersprache zum Ausdruck kommen, dass der Appell
eher als Scherz zu verstehen ist.

Regel 3: *„Alle Ergebnisse werden nach Ursache und Wirkung
geordnet: Die Interpunktion von Ereignisfolgen"*

Aufgrund der starken menschlichen Neigung in der Struktur von
Ursache und Wirkung zu denken, fordert jeder Mensch einen logi-
schen Kommunikationsablauf. Es besteht eine Art Erwartungshaltung. Da Kommunikation jedoch nicht zwangsläufig auf Logik,
sondern eher auf kulturelle Normen und Einstellungen zurückzuführen ist, kann darüber Uneinigkeit herrschen und eine Störung der
Beziehung die Folge sein. Ein Beispiel hierfür wäre etwa: Die
Schüler wollen dem Lehrer nicht folgen weil dieser so streng ist;
der Lehrer ist der Meinung, streng sein zu müssen, da die Schüler
sonst nicht folgen.

Ein Phänomen der Interpunktion ist die „Sich-selbst-erfüllende-Prophezeiung". Eine bestimmte Reaktion wird vom Gesprächspartner erwartet, die jedoch letztendlich durch das Verhalten des Subjekts heraufbeschworen wird.

In diesem Fall könnte Metakommunikation (Kommunikation über die Kommunikation) einen Ausweg aus so einer Situation darstellen – vielleicht würde aber auch ein Paradigmenwechsel helfen: Einmal versuchen die Welt aus dem Blickwinkel des anderen zu sehen.

Regel 4: *„Digitale und analoge Kommunikation"*

Informationen können digital oder analog übermittelt werden. Digitale Inhalte zeichnen sich durch Rationalität und Absolutheit aus. Analoge Informationen hingegen sind multivalent und oft nicht in Worte fassbar („Ein Bild sagt mehr als tausend Worte.").

Die digitale Ebene ist zwar präziser, doch die analoge bietet meist ein vollständigeres Bild. Übersetzungen von der einen zur anderen Ebene sind daher mit möglichen Missverständnissen verbunden: Etwa ‚ein Geschenk kann als Zeichen der Zuneigung, Käuflichkeit oder Wiedergutmachung angesehen werden'. (S. 42).

Regel 5: *„Beziehungen beruhen entweder auf Gleichheit oder Ungleichheit der Partner"*

In ergänzenden Beziehungen übernimmt ein Gesprächspartner eine primäre, übergeordnete Stellung. Die Interaktionen der Kommunikationsstruktur wechseln zwischen symmetrisch und komplementär ab. Dies bedeutet, dass zwischen den Kommunikationspartnern eine klare Rollenverteilung herrscht und anerkannt wird. Wird diese Struktur missachtet, kann dies zu krankhaften Störungen in der Beziehung führen.

Ein Beispiel für einen solchen Regelverstoß wäre etwa eine Mutter, die ihr jugendliches Kind wie ein Kleinkind behandelt.

4.3 Die Bedeutung von Interaktionsspielen

Spiele, die auf Interaktion beruhen, setzen Spielpartner voraus, mit denen reziproke Kommunikation möglich ist. Der gegenseitige Austausch im Rahmen einer spielerischen Übung verhilft den Kindern sich selbst und andere besser kennen zu lernen und einschätzen zu können. Die daraus gewonnenen Erfahrungen bzw. die Reflexionen darüber können, falls nötig, eine Veränderung im Verhalten hervorrufen. (Vgl. REISCH/SCHWARZ 2002, S. 81). Die Lernprozesse im persönlichen und sozialen Bereich fördern sowohl die **Persönlichkeitsentwicklung** als auch die **Sozialisation** der Teilnehmer. (Vgl. VOPEL 1996, S. 7).

Der Begriff „Interaktionsspiele" umfasst eine ganze Reihe von Kategorien und Ausformungen. Dazu gehören u. a.: Aufwärm- oder Eisbrecherspiele, Bewegungsspiele, Emotionale und Soziale Wahrnehmungsspiele, Fangen-, Ball- und Laufspiele, Gestaltungsspiele, Helferspiele, Kampfspiele, Kennenlernspiele, Kooperationsspiele, Körperspiele, Kreisspiele, Reaktionsspiele, Rollenspiele, Sprachspiele, Wettbewerbsspiele, usw.

Nach BADEGRUBER (2002, S. 7 f.) muss eine Tätigkeit fünf grundlegende Merkmale aufweisen, um als Spiel bezeichnet werden zu können:

1) **Zweckfreiheit:** Eine Tätigkeit wird vom Kind nur dann als Spiel erlebt, wenn sie nicht an einen bestimmten (kognitiven) Zweck gebunden ist. Sobald eine Übung nicht um ihrer selbst willen durchgeführt wird, sondern um dadurch etwa ein Lernziel zu erfüllen, verschwindet der Spielcharakter der Aktivität.[34] Dem Erwachsenen darf der kognitive Nutzen der Übung allerdings durchaus bewusst sein.

2) **Zwanglosigkeit:** Kein Kind darf zum Mitspielen gezwungen werden und jedes Kind muss jederzeit entscheiden dürfen, das Spiel zu beenden oder aus dem Spiel auszusteigen.

---

[34] VOPEL (1996, S. 9) betont, dass es am Ende eines Interaktionsspiels eine Auswertungsphase geben sollte, in der reflektiert wird, was während der Übung geschehen ist. In vielen Fällen kommt es in dieser Phase zu „Aha-Erlebnissen", die den kognitiven Hintergrund des Spiels wirksam werden lässt und ein Bewusstwerden des Gelernten bewirkt.

3) **Variationsmöglichkeit:** Mit Einverständnis der Teilnehmer sollten die geltenden Spielregeln verändert, erfunden oder erweitert werden dürfen. Dies fördert die Kreativität und Flexibilität der Kinder und deren Fähigkeit, Regeln an Situationen oder Umstände anzupassen.

4) **Innere Spannung:** Durch das intensive Erfahren von Gefühlen werden innere Spannungen erlebt, die allerdings durch den Spielcharakter der Übung jederzeit schnell wieder abgebaut werden können. Die Motivation zu spielen entspringt oft aus inneren Spannungen wie etwa Freude, Erwartung, Hoffnung und Zusammengehörigkeitsgefühl.

5) **Experimentieren:** Je mehr ein Spiel zum Experimentieren anregt, desto eher wird dabei Kreativität und selbständiges Lernen gefördert. Das Experimentieren äußert sich beispielsweise im Ausdenken eigener Spieltaktiken oder im Erfinden neuer Spiele, die dem jeweiligen Spiel zu Grunde liegen.

Erst wenn Übungen die genannten Merkmale aufweisen, kann interaktives Spielen stattfinden. Die Bedeutung von Interaktionsspielen für die Gruppe wird deutlicher: Obwohl sie ein Lernziel verfolgen, werden sie von den Teilnehmern um ihrer selbst willen durchgeführt – ohne Zwang und mit vielen Variations- und Experimentiermöglichkeiten.

Für gewöhnlich haben Kinder ein großes Bedürfnis nach Aktivität und Rückmeldung. Dies steht im Gegensatz zum oft in der Realität gelebten Schulalltag: Es wird von den Schülern verlangt, ruhig auf ihren Stühlen zu sitzen und dem Vortrag des Lehrers passiv Aufmerksamkeit zu schenken. Interaktionsspiele hingegen kommen den Bedürfnissen der Kinder entgegen und lassen sie **aktiv am Geschehen teilnehmen**. In der interaktiven Auseinandersetzung werden die Schüler vom Objekt zum Subjekt, indem sie persönlich wahrgenommen werden und ihr Verhalten Auswirkungen auf andere hat.

Hervorzuheben ist, dass durch die unmittelbare Rückmeldung der anderen Kinder die Konsequenzen des eigenen Handelns sofort spürbar werden und direkt in den sozialen Lernprozess integriert werden. Da die Qualität eines Feedbacks entscheidend für dessen Auswirkungen ist, sollte der Lehrer darauf achten, dass die Schüler ein Verständnis dafür entwickeln, auf welche Weise eine Rückmeldung gegeben werden sollte. (Vgl. VOPEL 1996, S. 7 f.). Hierbei kann zwischen der „Ich-Botschaft" und der „Du-Botschaft" unterschieden werden. Die **„Ich-Botschaft"** schildert die jeweilige Situation aus der Sicht einer Person und beschreibt deren Gefühle (z. B.: „Es ärgert mich, wenn ich sehe, wie Du den Müll auf den Boden wirfst."). Bei der **„Du-Botschaft"** wird lediglich auf das subjektiv erlebte Verhalten des anderen eingegangen (z. B.: „Du bist unordentlich."). Die erste Methode verdeutlicht die Subjektivität der Aussage und greift die andere Person nicht unmittelbar an. Die „Du-Botschaft" hingegen stellt deren Aussage als Tatsache dar und lässt keinen Raum für Verständnis. Daher ist es wichtig, den Kindern den Unterschied zwischen der ‚Beschreibung einer Person' und dem ‚Mitteilen von eigenen Gefühlen' zu vermitteln. Die Anwendung dieser Kommunikationstechnik ist allerdings nicht nur für Interaktionsspiele gedacht – besonders im Umgang mit Konflikten in der Klasse ist diese Methode sehr hilfreich. (Vgl. STANFORD 2002, S. 197 f.).

Je nach Aufgabenstellung unterstützen Interaktionsspiele die Partner- oder Teamarbeit. Viele Spiele enthalten Wettbewerbselemente. Auf den ersten Blick scheinen Wettbewerbe aufgrund des Konkurrenzdenkens vielleicht unangebracht; im weiteren Verlauf dieser Arbeit wird jedoch ersichtlich, dass ein wesentlicher Teil der Gruppenentwicklung in der Ausformung einer inneren Struktur bzw. der Verteilung der Rollen innerhalb der Gruppe besteht. Es existiert ein natürlicher Bedarf an Ordnung, die durch gezielten Gebrauch von Wettbewerben gefördert werden kann. (Vgl. VOPEL 1996, S. 10). Der Initiator der Spiele hat darauf zu achten, je nach Bedarf den Ausgleich zwischen Konkurrenz- und Kooperationsspielen zu halten.

Insbesondere **Rollenspiele** bieten den Kindern die Möglichkeit, in andere Personen (oder Wesen) zu schlüpfen, sie zu erforschen und damit zu experimentieren. (Vgl. u. a. BADEGRUBER 2002, S. 13). Die Fähigkeit, sich in die Rolle anderer hineinversetzen zu können und deren Wertvorstellungen durch ‚charakterliche Dynamik, psychische Mobilität und Einfühlungsvermögen' zu integrieren, wird als **Empathie** bezeichnet. (Vgl. HARTFIEL/HILLMANN 1982, S. 166). Empathie bedeutet die *‚kognitive und emotionale Übernahme der Perspektive einer anderen Person'* und stellt einen wesentlichen, förderlichen Faktor für prosoziales Verhalten dar. (Vgl. HERKNER in STRAUB/KEMPF/WERBIK 2002, S. 627-631). Eine Veränderung der Sichtweise hilft zu verstehen, dass Gefühle respektiert werden müssen und kann in manchen Fällen sogar so weit führen, dass sich negative Gefühle in positive verwandeln. (Vgl. FIEBIG/WINTERBERG 1998, S. 34).

In den meisten Klassengruppen gibt es Schüler, die durch ihre positive Lernleistung besonders herausragen. Auf der anderen Seite stehen jene Kinder, die durch ihre unterdurchschnittliche Leistung auch sozial eher in den Hintergrund gerückt sind. Interaktionsspiele stellen die Schüler oft in neue Situationen und fordern Geschick, welches nicht unmittelbar mit kognitiver Leistung zusammenhängt. So wird auch weniger erfolgreichen Schülern die Möglichkeit geboten, ihre Stärken in anderen Bereichen zu nutzen. Interaktionsspiele helfen den Kindern, den Wert des Einzelnen für die Gruppe zu erkennen. (Vgl. VOPEL 1996, S.10 f.).

Durch **das zurückhaltende Verhalten des Lehrers** während eines Interaktionsspieles erfahren die Schüler das Gefühl der Selbstverantwortlichkeit und des Potentials, welches in ihnen als Gruppe steckt. Manche Kinder befinden sich in einer psychischen Abhängigkeit der Autorität des Lehrers gegenüber. Ihr Handeln ist darauf ausgerichtet, dem Lehrer „zu gefallen". Übungen, in denen die Gruppe selbständig und ohne Supervision eines Leiters arbeitet, fördern die Eigenständigkeit der Schüler. (Vgl. VOPEL 1996, S. 12).

Ohne Zweifel bieten Interaktionsspiele etliche Lern- und Entwicklungsmöglichkeiten. Um einen Überblick über mögliche Lernziele zu bekommen, wird hier auf sieben Lernbereiche nach VOPEL (1996, S. 14 ff.) zurückgegriffen:

1) **Sensibilisierung der Wahrnehmung:** Sich selbst mit seinen Gedanken, Gefühlen und Bedürfnissen differenzierter wahrnehmen zu können bedeutet in weiterer Folge auch andere sensibler zu erfassen und zu verstehen.

2) **Vertiefung der Selbstverantwortlichkeit:** Mit der Freiheit, selbst Entscheidungen treffen zu können, geht auch die Verantwortung einher, für das eigene Handeln einzustehen.

3) **Funktionaler Ausdruck von Gefühlen:** Eigene Gefühle zu äußern soll als sinnvoll und wünschenswert verstanden werden. Ein offener Umgang mit Gefühlen setzt die bewusste Wahrnehmung derselben voraus.

4) **Bewusstheit eigener Motivation:** Ein Teil der Selbsterkenntnis besteht im Erkennen und der Hinterfragung der eigenen Beweggründe sowie der Fähigkeit, mit anderen darüber zu sprechen.

5) **Selbstakzeptierung:** Die Abhängigkeit von der Meinung anderer wird abgebaut und die Selbstachtung wird gestärkt. Das Bewusstsein des eigenen Potentials sich zu entwickeln und zu lernen steigt.

6) **Akzeptierung anderer:** Andere so zu respektieren und tolerieren, wie sie sind, bedeutet auch, ihnen dieselbe Existenzberechtigung einzuräumen wie einem selbst. Dazu zählt auch die Bereitschaft, Konflikten gegenüberzutreten.

7) **Interdependentes Verhalten:** Damit ist das Verständnis dafür gemeint, dass persönlicher Fortschritt nur in der Auseinandersetzung mit anderen möglich ist. Weiters ist darunter zu verstehen, dass Kommunikation und Zusammenarbeit als positiv empfunden werden und die Beziehungen zu anderen in einem dynamischen Gleichgewicht zwischen Nähe und Distanz gehalten werden.

Zusammenfassend hätte Sigmund Freud über Interaktionsspiele in der Gruppenentwicklung vielleicht Folgendes gesagt:

„Interaktionsspiele sind der Königsweg zur Gruppenentwicklung."

5 Wie entwickelt sich eine Gruppe?

Bisher wurde in diesem Buch viel über die Struktur und das Wesen der Gruppe gesagt und Aspekte der Gruppenentwicklung aufgezeigt. Wie geht die Entwicklung einer effektiven Gruppe jedoch im Detail vor sich? Obwohl alle Menschen verschieden sind, ähneln sie sich doch. Genauso verhält es sich mit Gruppen: Es gibt keine zwei identischen Gruppen, dennoch haben sie Gemeinsamkeiten. Eine dieser Gemeinsamkeiten besteht in der Unterteilung der Gruppenentwicklung in verschiedene Phasen, wobei auch diese stark variieren können, da eine solche Entwicklung als gruppendynamischer Prozess zu verstehen ist.

Die verschiedenen Stadien des Gruppenentwicklungsprozesses laufen weder getrennt voneinander ab noch entsprechen sie einer eindeutigen Reihenfolge. Es ist auch nicht auszuschließen, dass eine Gruppe in ein bereits für abgeschlossen gehaltenes Stadium zurückfällt. (Vgl. STAN-FORD 2002, S. 18 ff.). Dennoch können in der Gruppenforschung eindeutig erkennbare und sich wiederholende Muster festgestellt werden, woraus die verschiedenen Phasenmodelle entstanden sind. STANFORD (2002, S. 20) spricht neben den Hauptphasen außerdem auch vom Prozess der Gruppenentwicklung als spiralförmiges Modell, in dem Elemente der einzelnen Phasen immer wieder zu tragen kommen. Das bedeutet, dass die Biographie einer Gruppe nicht nur aus Hauptabschnitten besteht, sondern auch aus kleinen Segmenten des Fortschritts, welche einem kreisförmigen, sequenziellen Muster folgen.[35]

Bei durchschnittlich einer Unterrichtsstunde pro Tag dauert es nach STANFORD (2002, S. 19) zumindest ca. zwischen sechs und acht Wochen, ehe eine Gruppe[36] die Phase der Produktivität erreicht hat. Wird die Entwicklung einer Gruppe als gemeinschaftliches Lernen verstanden, muss allerdings mit einem eher langfristigen Prozess gerechnet werden. (Vgl. LEHRPLAN DER VOLKSSCHULE 2002, S. 226).

---

[35] Vgl. hierzu auch „Der evolutionäre Viertakt" nach STAHL (2002, S. 20 ff.).
[36] Zu beachten ist jedoch, dass STANDFORD hierbei von einer Gruppe ca. 15-jähriger Schüler spricht.

In der Literatur sind einige verschiedene Modelle der Gruppenentwicklung zu finden. Die Zusammenfassung der Entwürfe ergibt ein System, welches im Wesentlichen aus fünf Phasen besteht.

Die folgenden Ausführungen stellen nur eine Möglichkeit dar, die Phasen des Gruppenentwicklungsprozesses zu beschreiben. Das hier vorgestellte Modell ist der Versuch einer Zusammenfassung verschiedener Systeme zu einem Ganzen, wobei das Hauptaugenmerk auf die Entstehung einer Klassengemeinschaft gerichtet werden soll.

Zuerst wird jedoch ein grober Überblick über die einzelnen Phasen gegeben.

1. Phase: **Orientierung**

Die ersten durch Unsicherheit geprägten Fragen, die sich ein Mensch stellt, der in eine für ihn neue Situation gerät, lauten ungefähr so: „Wo bin ich?", „Was erwartet mich und wie lange wird das dauern?", „Was ist zu tun?" und „…Wer sind eigentlich diese anderen Leute hier?"

Das erste Abtasten der Lage findet statt – die Gruppenmitglieder versuchen sich grob zu orientieren. Das Verhalten des Gruppenleiters bzw. des Lehrers kann darüber entscheiden, wie effektiv diese Phase bewältigt wird – er kann dabei helfen „das Eis zu brechen" bzw. „den Stein ins Rollen zu bringen".

2. Phase: **Normierung und Differenzierung**

Nach der Orientierung beginnen die Prozesse der Normierung und Differenzierung. Das bedeutet, dass gruppeninterne Verhaltensregeln aufgestellt werden sowie eine Rollenverteilung stattfindet. Das Wissen um andere Gruppenmitglieder wird vertieft und Beziehungen werden aufgebaut.

In dieser Phase spielen gruppendynamische Prozesse eine wesentliche Rolle.

3. Phase: **Vertrautheit und Wohlbefinden**

Jedes Gruppenmitglied hat seinen Platz bzw. seine Rolle in der Gruppe zugewiesen bekommen und kann sich damit auch grundsätzlich identifizieren.

Ein Wir-Gefühl hat sich eingestellt, welches den Mitgliedern Sicherheit und Vertrauen vermittelt. Diese Phase ist weniger von Entwicklungen in der Gruppe geprägt als durch einen sozialen Zustand.

4. Phase: **Produktivität**

Die Zusammenarbeit sowie der Zusammenhalt der Gruppenmitglieder befinden sich an ihrem Höchststand. Die Gruppe arbeitet kooperativ, effektiv und lustvoll, kann Konflikte auf konstruktive Weise lösen und übernimmt Eigenverantwortung.

Im Regelfall stellt diese Phase eine große Entlastung für den Lehrer dar.

5. Phase: **Abschluss und Trennung**

Ähnlich wie in der ersten Phase fragen sich die Teilnehmer nun in der letzten Phase Orientierung suchend: „Wie wird es nun weitergehen?" In der Gruppe herrscht eine gewisse Anspannung bzw. Unsicherheit, die ebenfalls durch das Eingreifen des Leiters wesentlich gelindert werden kann, indem er die Gruppe bei der Trennung unterstützt.

Nun zu den einzelnen Phasen der Gruppenentwicklung im Detail:

5.1 Orientierung

Genau genommen beginnt der Gruppenentwicklungsprozess schon, bevor sich die einzelnen Gruppenmitglieder begegnet sind – zumindest in den Fällen, in denen den Mitgliedern schon im Vorhinein bewusst ist, dass sie bald in eine Gruppe „geboren[37]" werden. Im Vorfeld machen sich die Teilnehmer Gedanken darüber, was sie erwarten wird und wie

---

[37] Der Prozess der Sozialisation wird in der Soziologie u. a. auch ‚soziale Geburt' genannt. (Vgl. u. a. BELLEBAUM 1991, S. 65 f.).

sich alles entwickeln könnte. Der eine denkt weniger darüber nach und der andere wiederum hat bereits eine genauere Vorstellung, was auf ihn zukommen wird, und wieder ein anderer hat sich vielleicht schon bei Mitgliedern ähnlicher Gruppen erkundigt, was er zu erwarten hat. Es mag sein, dass dadurch auch Wunschbilder oder Vorurteile entstanden sind. Es scheint jedenfalls, dass unter zukünftigen Gruppenmitgliedern die Tendenz herrscht, sich schon vor der Gründung der Gruppe diesbezügliche Orientierung verschaffen zu wollen.

Das meiste wird im Vorfeld wohl unbeantwortet bleiben, umso mehr Fragen werden dann allerdings zum unmittelbaren Beginn des Gruppenprozesses zu beantworten sein. Jedes Gruppenmitglied möchte sich einerseits Orientierung verschaffen und einen guten Einstieg in die Gruppe haben, doch andererseits will es sich nicht „falsch" verhalten. Das Problem hierbei ist, dass es zu diesem Zeitpunkt noch gar kein von der Gruppe festgelegtes „Richtig" oder „Falsch" gibt, da der Gruppenvertrag erst ausgehandelt werden muss. Insofern befinden sich die Mitglieder in einer Zwickmühle zwischen Neugierde und Angst vor Fehlern. Diese Zwangslage äußert sich meist in Nervosität. (Vgl. STAHL 2002, S. 73).

Auf der Suche nach Anhaltspunkten für Orientierung wirken Vorurteile auf die Meinungsbildung ein. Die Frisur, der Körperbau, die Kleidung, die Stimme und ähnliches haben einen Einfluss auf subjektive Annahmen über den Charakter anderer Menschen. (Vgl. STAHL 2002, S. 74).

Im Anfangsstadium der Gruppenentwicklung in der Schulklasse kommt dem Lehrer eine wesentliche Aufgabe zu: Er muss den Schülern die erforderliche Orientierung verschaffen, die sie brauchen, um sich sicher zu fühlen und ihre Konzentration wieder auf andere Angelegenheiten lenken zu können. **Solange Unklarheit bzw. ein Orientierungsbedarf herrscht, wird die Aufmerksamkeit eines Menschen** – bewusst oder unbewusst – **von der eigentlichen Tätigkeit abgelenkt.** Dabei stellt sich die Frage, in welchen Bereichen die Kinder denn Orientierung bedürfen. Um diese Frage beantworten zu können, muss vorerst die Situation des Schulanfängers erörtert werden.

An dieser Stelle sei jedoch gesagt, dass das Anfangsstadium nicht nur von völlig neu entstehenden Gruppen durchlaufen wird, sondern auch von jenen, die sich längere Zeit nicht gesehen haben – wie beispielsweise eine Schulklasse nach den Sommerferien, da erörtert werden muss, ob bzw. inwiefern sich einzelne Gruppenmitglieder verändert haben oder ob jemand womöglich die Klasse verlassen hat. (Vgl. TSCHIRA 2003, S. 206). Weiters ist darauf hinzuweisen, dass selbst kleinere Störungen im Unterricht gegebenenfalls einer Orientierung bzw. Erklärung bedürfen, bevor die Konzentration der Schüler wieder auf das eigentliche Thema zurückgelenkt werden kann. Insofern ist der Spruch ,**Störungen haben Vorrang**' nicht nur als Handlungsoption für Lehrer zu verstehen, sondern auch als innere Realität des Menschen. (Vgl. TSCHIRA 2003, S. 209).

5.1.1 Die Situation des Schulanfängers

Die ersten Schultage sind geprägt von einer Reihe von Veränderungen und Umstellungen für das Kind. Der Schulanfänger muss den Lehrer als neue Bezugsperson erkennen und dabei die formell bedingten Unterschiede der Verhaltensweise gegenüber dem Lehrer im Vergleich zu den Eltern oder der Kindergartenbetreuung verinnerlichen. Daneben gehören ebenso die allgemeinen schulischen Verhaltensregeln gelernt, was unter Umständen als Einschränkung persönlicher Handlungsfreiheit gesehen werden kann.

Die **Konfrontation mit der formal geprägten Welt** geht auch mit der Erfahrung einher, dass Spaß erstmals weniger zählt als Leistung – rein spielerisches Lernen wird durch eher leistungsorientiertes Arbeiten abgelöst. Nicht nur, dass nun etwas geleistet werden muss – nein, es wird die Leistung dann auch noch bewertet.

Ein beachtlicher Teil des Tagesablaufs bzw. der Freizeitbeschäftigung ist – zum Beispiel durch den Stundenplan und die Hausaufgaben – von außen festgelegt und somit fremdbestimmt.

Zufluchtsorte oder Rückzugsmöglichkeiten sind in der Schule kaum vorhanden. Überhaupt muss das Kind erst lernen sich im Schulgebäude räumlich zurechtzufinden.

Schulische Gegebenheiten können auch Auswirkungen auf das Familienleben zu Hause haben (z. B.: Leistungsdruck durch die Eltern).

Nicht zuletzt die Schulklasse als sowohl formelle Lerngruppe als auch informelle Freundesgruppe mitsamt den gruppendynamischen Prozessen stellt für das Kind eine neue Erfahrung dar. (MACHOLDT/THIEL in PETILLON 1993, S. 27).

Die ersten Schultage bzw. Schulwochen sollen dem Kind vor allem dazu dienen, eine Orientierung für das künftige Leben und Lernen in der Schule zu erlangen. Dabei sollen auch Gelegenheiten geschaffen werden, positive Kontakte zu Mitschülern und dem Lehrer herzustellen. (Vgl. LEHRPLAN DER VOLKSSCHULE 2002, S. 34).

In Anlehnung an TSCHIRA[38] (2003, S. 210 – 214) werden im Folgenden die Aspekte der räumlichen, der zeitlichen, der inhaltlichen und der sozialen Orientierung dargestellt, wobei der Schwerpunkt auf die gesellschaftliche Zurechtfindung in der Gruppe gelegt werden soll.

5.1.2 Räumliche Orientierung

Das Betreten einer fremden Örtlichkeit geht einher mit dem Bedarf nach Orientierung in derselben. Ein unbekannter Raum kann Unbehagen oder Gefühle der Unsicherheit hervorrufen, weil die Gefahr des Sich-Verirrens besteht. Erst wenn die Umgebung erforscht und die Orientierungslosigkeit durch Kenntnis über Gegebenheiten der Lokalität überwunden wurde, kann sich die Person auf andere Dinge konzentrieren. Unter Umständen reicht dabei schon allein das Wissen um die Lage des Ein- und Ausgangs, der **Toilette** oder des Klassenzimmers aus. Da beispielsweise Lehrer die Räumlichkeiten einer Schule meist gut kennen und die Orientierung darin für selbstverständlich halten, kann es passieren, dass darauf vergessen wird, dass neue Schüler von einem Orientierungsbedarf begleitet werden. Besonders bei Schülern, die erst später zur Klasse stoßen, besteht die Gefahr, dass ihr Bedürfnis nach Erforschung der Umgebung vom Lehrer übersehen wird.[39] In der Schuleintrittsphase sollte daher ein **Rundgang** im und um das Schulgebäude veranstaltet werden.
Nicht nur die Struktur des Gebäudes und der Lageplan der einzelnen Räumlichkeiten, sondern auch das architektonische Erscheinungsbild eines Bauwerks hat eine Wirkung auf die Menschen, die darin zu tun haben. Dazu gehören unter anderem die verwendeten Baumaterialien,

---

[38] nach GEIßLER 1999
[39] Vgl. hierzu auch STANFORD 2002, S. 35

die Möblierung, die Höhe bzw. Größe und Helligkeit der Räume. (Vgl. TSCHIRA 2003, S. 210 f.).

5.1.3 Zeitliche Orientierung

Der zeitliche Orientierungsbedarf der Gesellschaft ist größer, als manch einer vermuten würde. Prinzipiell ist unser ganzes Leben von zeitlicher Struktur geprägt. Angefangen bei der wiederkehrenden Abfolge der vier Jahreszeiten, über die Sieben-Tage-Woche, über die Abfahrtszeiten des Postbusses bis hin zum sekundengenauen Gongschlag der Zwölf-Uhr-Nachrichten am Sonntag, den 29. Mai 2005 werden wir von der Struktur der Zeit begleitet. Auf den ersten Blick könnte der Eindruck entstehen, dass das Netz der Termine, Fristen, Zeitspannen und Zeitpläne zeitliche Zwänge und Abhängigkeiten schafft. In Wirklichkeit stellt die Verbindlichkeit der Zeit jedoch eher ein **Netz von Sicherheit und Verlässlichkeit** dar.

Den Schülern gibt es Halt, wenn sie wissen, wie der Ablauf der einzelnen Tage bzw. Stunden strukturiert ist. Sie können sich darauf einstellen, wie viel Zeit sie für eine bestimmte Aufgabe haben und wissen[40] über den Beginn von Pausen und deren Dauer Bescheid. Die zeitliche Orientierung ist also nicht nur als Element der ersten Phase der Gruppenentwicklung zu sehen, sondern als Aspekt, der in allen Gruppenprozessen eine wichtige Rolle spielt.

Die zeitliche Komponente ist eng mit der inhaltlichen verbunden, das heißt, dass **die Dauer einer Aktivität auch deren Inhalt prägt.** Eine Diskussion, die zu kurz gehalten wird, kann zu Unzufriedenheit führen; umgekehrt wird selbst das lustigste Spiel einmal fad, wenn es zu lange gespielt wird.

Mit der Planung des zeitlichen Ablaufs des Unterrichts hat der Lehrer also einen Einfluss auf die Zufriedenheit und Arbeitslust der Kinder. (Vgl. TSCHIRA 2003, S. 211 f.).

---

[40] Bei Schulanfängern bleibt allerdings zu beachten, dass diese meist erst noch ein Gefühl für das Zeitmaß entwickeln müssen.

5.1.4 Inhaltliche Orientierung

Insbesondere Schulanfänger haben einen großen inhaltlichen Orientierungsbedarf. Beim Schuleintritt tauchen sie in eine neue Welt ein und wissen meist nicht mehr, als dass sie dort etwas lernen werden. Interessanterweise sind Kinder – trotz ihres vergleichsweise geringen Wissens über konkrete Lerninhalte und Lehrmethoden – üblicherweise begeisterte Schulbesucher. (Vgl. PETILLON 1993, S. 48). Das bedeutet, dass Schulanfänger dennoch eine gewisse Vorstellung von dem haben, was sie in der Schule erwartet – ob das jedoch der späteren Realität entspricht, wird sich für jeden einzelnen im Laufe der Zeit zeigen.

Wie der Aspekt der zeitlichen Orientierung bedarf auch die inhaltliche Komponente einer steten Auffrischung. Eine neues Schuljahr, ein neuer Tag oder ein neuer Stoffabschnitt bringt das Bedürfnis nach Neuorientierung mit sich. Wenn die Schüler wissen, worauf verschiedene Aufgaben hinauslaufen, werden sie eher den **Sinn** einer Übung verstehen. Änderungen des geplanten Verlaufs sind gleich bekannt zu geben und zu begründen, damit sich die Kinder umorientieren können und die Planabänderung verstehen. (Vgl. TSCHIRA 2003, S. 212 f.).

5.1.5 Soziale Orientierung

Egal in welcher Gesellschaft sich eine Person befindet, es findet immer eine soziale Orientierung statt. Da es hier bereits zu einer groben Rollenverteilung kommt, wird dadurch ein Grundgerüst für die kommende Phase der Normierung angebahnt. In der Gruppe werden dabei Fragen bezüglich gemeinschaftlich anerkannter Verhaltensweisen und des eigenen Standpunktes im sozialen Gefüge aufgeworfen – es herrscht also sozialer Klärungsbedarf. Allmählich wird sich der Gruppencharakter herauskristallisieren, wobei festgestellt wird, ob die Gruppe durch Nähe oder Distanz und ob sie durch Dauer oder Wechsel geprägt ist.[41] Mit anderen Worten: Im sozialen Bereich selbst besteht sowohl ein räumlicher als auch ein zeitlicher Orientierungsbedarf.

---

[41] Vgl. hierzu „Dimensionen der Gruppenstruktur" in STAHL 2002, S. 219 - 276

Dabei ist zwischen vorgegebenen (formellen) und zwanglosen (informellen) Strukturen zu unterscheiden. Je besser die Gruppe kennen gelernt wird, desto differenzierter ist die soziale Orientierung. (Vgl. TSCHIRA 2003, S. 213 f.). Wie empirische Studien belegen, ist auch aus der Sicht des Kindes **das Kennenlernen von Klassenkameraden** zum Schulanfang **von größter sozialer Bedeutung.** (Vgl. PETILLON 1993, S. 72). In Volksschulklassen ist es zwar oft der Fall, dass sich einige Kinder bereits vom Kindergarten oder aus der Nachbarschaft kennen, wodurch gewisse soziale Beziehungen angebahnt sind, jedoch kann davon nicht ausgegangen werden.

Zu Beginn der sozialen Erkundung findet vorerst ein gegenseitiges ‚Beschnuppern' statt, wobei ein erster Eindruck gewonnen wird und eine grobe Orientierung in der Gemeinschaft stattfindet.
Die Anfangsphase ist geprägt von Vorsicht und Distanz, was oft durch Schüchternheit oder Angst zu bemerken ist. In dieser Phase verstecken sich die Gruppenmitglieder hinter Fassaden bzw. Masken[42]. (Vgl. ROGERS 1974, S. 15). Einerseits will zunächst niemand etwas über sich preisgeben bzw. seine soziale Maske ablegen und andererseits will jeder etwas über die anderen erfahren. Je größer die Gruppe ist, desto größer ist die herrschende Orientierungslosigkeit und desto größer ist wiederum die Unsicherheit der einzelnen Mitglieder. (Vgl. TSCHIRA 2003, S. 206 f.).

SHAKED beschreibt die Anfangsgefühle der Mitglieder einer Großgruppe wie folgt:

> *„Die Teilnehmer fühlen sich in ihrer sozialen Kompetenz eingeschränkt, ihre Fähigkeit zu denken und zu formulieren ist reduziert. Das anfängliche Schweigen ist von einem Gefühl der Lähmung begleitet. Die verbalen Äußerungen sind spärlich und beziehen sich oft auf diffuse Ängste vor Identitätsverlust und*

---

[42] SCHULZ VON THUN stellt fest, dass der Begriff „Fassade" in diesem Zusammenhang eher ungeeignet ist, da ein Teil der wahren Persönlichkeit nie hinter einer Wand verborgen bleiben wird. Zu bevorzugen wäre die Bezeichnung „Maske", durch die das Durchschimmern zumindest gewisser Gesichtszüge zum Ausdruck kommt. (Vgl. hierzu SCHULZ VON THUN 2003, S. 15 f.).

Gefühle von Leere, Isolation und Unfreiheit. [...]. Die Wahr-
nehmung von Zeit und Raum ist beeinträchtigt, Vernichtungs-
ängste tauchen auf. Die konzentrische Sitzordnung, mit anderen
Teilnehmern im Rücken, fördert die Entstehung von paranoiden
Ängsten. Die Angst vor Nähe und Intimität führt dazu, dass die
innere Sitzreihe oft zunächst unbesetzt bleibt. [...]. Es entstehen
Wünsche nach totaler Versorgung und Geborgenheit, Freiheit
von Mangel und von Verantwortung. "

(SHAKED in TSCHIRA 2003, S. 208).

SHAKED bezieht sich hier zwar auf eine Großgruppe Erwachsener, jedoch ist anzunehmen, dass sich Schulanfänger – wenn auch in abge-
schwächter Form – in einer prinzipiell ähnlichen Gefühlslage befinden.
In dieser Situation nimmt der Lehrer eine übergeordnete Position ein,
indem ihm von den Schülern die Kompetenz der Befreiung aus der sozialen Dunkelheit[43] zugeschrieben wird. Seine Aufgabe ist es zunächst ein
Gefühl von Sicherheit zu vermitteln, indem er **niemanden zur Selbst-
öffnung zwingt** bzw. jedem Gruppenmitglied seine individuelle Ge-
schwindigkeit im Abnehmen der sozialen Maske zugesteht. Ein Kennen-
lernspiel, in dem die Kinder aus sich herausgehen müssen, wäre in dieser Situation also eher unpassend. (Vgl. TSCHIRA 2003, S. 206 ff.).
Andererseits soll er auf feinfühlige Weise versuchen, die Gruppenmitglieder dazu zu bringen, sich allmählich zu öffnen; denn je mehr die sozialen Masken abgelegt werden, desto mehr werden die einzelnen Indi-
viduen akzeptiert. (Vgl. ROGERS 1974, S. 15).

Der erste Schritt im sozialen Bereich eine geordnete Orientierung zu
schaffen, besteht im Lernen der Namen der Gruppenmitglieder. (Vgl.
STANFORD 2002, S. 35). Den eigenen Namen Preis zu geben bedeutet
für gewöhnlich noch kein Überschreiten persönlicher Grenzen, das
heißt, Spiele, in denen auf einfache, lustige Weise die einzelnen Namen
gelernt werden, stellen keine Bedrohung[44] für die Schüler dar.

---

[43] TSCHIRA (2003, S. 206) beschreibt die Unkenntnis der Gruppenmitglieder
über ihre Kollegen als ‚soziale Dunkelheit'.
[44] STANFORD verwendet den Begriff „Bedrohung" für Situationen die von
Angst und Unsicherheit geprägt sind.

STANFORD vertritt die Meinung, dass sich die Schüler ‚so schnell wie möglich' kennen lernen müssen, um ein Wir-Gefühl zu entwickeln und eine produktive Gruppe zu werden. Die **Aufgabe des Gruppenleiters** ist es, nicht nur Gelegenheiten für das gegenseitige Kennenlernen zu schaffen, sondern auch ein Vorbild für das erwartete Verhalten zu sein, wobei **das, was er tut einen größeren Einfluss auf die Schüler haben wird als das, was er sagt.** Auch die persönliche Umgangsform des Lehrers mit einzelnen Kindern hat Auswirkungen auf deren Stellung in der Klasse. Deshalb muss der Lehrer versuchen die Schüler möglichst gerecht, vorurteilsfrei und respektvoll zu behandeln, ohne aber dabei Aufrichtigkeit vorzutäuschen. (Vgl. STANFORD 2002, S. 31 – 35).

5.2 Normierung und Differenzierung

In der Phase der Normierung und Differenzierung geht es einerseits um das Festsetzen von gemeinsamen Werten, Verhaltensregeln und Zielen (→ Normen) und andererseits um die Verteilung von Positionen, Rollen und Ränge (→ Rollendifferenzierung). Da diese beiden Prozesse Hand in Hand ablaufen, werden sie in eine Phase zusammengefasst.
In gewisser Weise stellt dieser Entwicklungsschritt eine Weiterführung der sozialen Orientierung dar. Nachdem sich die Gruppenmitglieder oberflächlich kennen gelernt haben, besteht nun das Bedürfnis, sich eingehender miteinander auseinanderzusetzen. Dabei soll herausgefunden werden, wie die einzelnen Teilnehmer einzuschätzen sind, welchen Platz sie im Beziehungsgefüge der Gruppe einnehmen und schließlich, welche Umgangsformen als legitim gelten.

Der Platz, den jeder einzelne in der Gruppe einnimmt, wird sowohl von der Persönlichkeit des Individuums als auch von den anderen Gruppenmitgliedern bestimmt. Das heißt, die Position, die eine Person in der Gruppe belegt, hängt nicht nur von deren Eigenleistung ab, sondern auch davon, ob diese von der Gruppe akzeptiert wird. Allerdings streben nicht alle Mitglieder nach derselben Position. Prinzipiell ist zwischen aktiv handelnden und passiv zuschauenden Gruppenmitgliedern zu unterscheiden: Der eine hat das Bedürfnis sich eine bestimmte Rolle zu erkämpfen und dem anderen scheint es lieber zu sein, seinen Platz im sozialen Gefüge von der Gruppe zugewiesen zu bekommen. Ob die Position, die jemand im Gruppengefüge eingenommen hat, ‚gut' ist, hängt davon ab, ob derjenige mit der Einteilung zufrieden ist bzw. ob er sich mit seiner zugeteilten Rolle identifizieren kann. Wird jemandem ein ‚schlechter' Platz zugewiesen, kann der Prozess der Rollendifferenzierung Aggressionen zwischen den Gruppenmitgliedern hervorrufen. (Vgl. TSCHIRA 2003, S. 214 ff.). In der soziologischen Literatur wird in diesem Zusammenhang von ‚Machtkämpfen' gesprochen, in denen es – ähnlich wie in der ‚Hackordnung auf dem Hühnerhof' – darum geht, eine **Rangordnung festzulegen** bzw. **Machtverhältnisse klarzustellen.** (Vgl. WELLHÖFER 1993, S. 11). Tatsächlich kann dieser Machtkampf bereits beim ersten Kontakt beginnen und erst beim letzten enden. Das bedeutet, dass „das Händeschütteln bei der ersten Begrüßung" genauso einen Einfluss auf die Rangverteilung der Gruppenmitglieder haben kann, wie „das Abschiedswort bei der letzten Verabschiedung". So gesehen ist die Phase der Normierung und Differenzierung zeitlich kaum einzuschränken. Die Einstufung erfolgt letztendlich jedoch weniger aufgrund von Aussagen des Betreffenden als aufgrund seiner Handlungen. Insofern können die Eindrücke, die in der Orientierungsphase gewonnen wurden, bestätigt oder entkräftet werden. Gleichzeitig stellt sich heraus, welche Mitglieder vertrauenswürdig scheinen und als Verbündete gesehen werden können. (Vgl. TSCHIRA 2003, S. 216). Die Macht der Position, die ein Gruppenmitglied in einem Sozialgefüge einnimmt, wird durch die Anzahl seiner Anhänger und Mitläufer bestimmt. (Vgl. TSCHIRA 2003, S. 215). Allerdings besitzt beispielsweise ein Konkurrent eine stärkere Wirkung auf das Verhalten eines Individuums als ein guter Freund. (Vgl. TSCHIRA 2003, S. 246). Ein Zusammenhang zwischen Macht und Beliebtheit ist demnach nicht unbedingt vorauszusetzen. **Wer beliebt ist, hat meist auch Macht, wer jedoch Macht hat, ist nicht zwangsläufig beliebt.**

Eine anerkannte, populäre Person, deren Einfluss auf andere wirkt, kann als Führerpersönlichkeit bezeichnet werden. Zu beachten ist jedoch, dass die Anhängerschaft situationsabhängig ist. So wird zwischen ‚Leistungsführern' und ‚Beliebtheitsführern' unterschieden: Geht es um das Erreichen von Zielen bzw. die Bewältigung einer äußeren Situation, wird die Führungsqualität nicht unbedingt derselben Person zugeschrieben, deren Einfluss die innere Ordnung und den Zusammenhalt der Gruppe aufrecht erhält. (Vgl. GUKENBIEHL in SCHÄFERS 1986, S. 95). Ob jemand von der Gruppe als Führer gewählt wird, hängt nicht nur von dessen Charaktereigenschaften ab. Experimentell wurde belegt, dass es keine universellen Führungsqualitäten bzw. -begabungen gibt. Allgemein kann jedoch gesagt werden, dass eher jene Gruppenmitglieder zu Führern bestimmt werden, die den Zielen und Normen der Gruppe am ehesten entsprechen und deren Position einen Schnittpunkt im Beziehungsgefüge der Gruppenmitglieder (= Kreuzungs- und Sammelpunkt für Informationen) darstellt. (Vgl. HARTFIEL/HILLMANN 1982, S. 229). Wie bereits erwähnt, wirken ein attraktives Äußeres, Leistungsfähigkeit und soziale Fähigkeiten wie etwa Einfühlungsvermögen und Kommunikationsfähigkeit positiv auf die Entstehung sozialer Kontakte. Es ist daher anzunehmen, dass diese Eigenschaften als förderliche Dispositionen für potentielle Gruppenführer gelten.

„Charakteristisch für diese Phase ist also der Kampf um die eigene Position, das Erkennen der Positionen der anderen, das Erfahren der Gruppennormen und folglich auch die Erfahrung der Grenzen. Ziel ist es Sicherheit herzustellen. Diese ist dann gegeben, wenn der Gruppenteilnehmer mit einer verlässlichen Struktur konfrontiert ist und jeder weiß, wie er sich verhalten soll.“ (TSCHIRA 2003, S. 216).

Es konnte nachgewiesen werden, dass eine Positions- bzw. Rollenverteilung für das Bestehen einer Gesellschaft unerlässlich ist. (Vgl. BELLEBAUM 1991, S. 57).

Der **Lehrer** ist in dieser Phase ebenfalls einem Machtkampf ausgesetzt. Er wird von der Gruppe darauf getestet, ob er sich **konsequent verhält** und muss sich als Gruppenleiter behaupten. Wenn er seine **formelle Macht kompetent einsetzt**, wird ihm die Leitungsfunktion erhalten bleiben. Dies ist von großer Bedeutung für den Lehrer, denn nur dann kann er seinen steuernden Einfluss durch sinnvolle Interventionen auf das Gruppenverhalten geltend machen. Allerdings sollte der Lehrer nur wenn nötig in die Machtkämpfe der Schüler eingreifen. (Vgl. TSCHIRA 2003, S. 216 ff.).

Erst wenn die einzelnen Gruppenmitglieder mit ihrer erkämpften oder zugewiesenen Position zufrieden sind, wurde die Phase der Differenzierung erfolgreich abgeschlossen[45]. (Vgl. TSCHIRA 2003, S. 219). *„Diese Zufriedenheit ist die Voraussetzung für die Bereitschaft, sich einzubringen und Verantwortung zu übernehmen."* (TSCHIRA 2003, S. 219).

Die Aufgaben des Lehrers in dieser Phase sind im Lehrplan nachzulesen:
Neben dem Kennenlernen zeitlicher sowie organisatorischer Abläufe in der Volksschule soll dem Kind in den ersten Wochen eine Arbeitshaltung vermittelt werden, die u. a. gegenseitige Hilfsbereitschaft und Rücksichtnahme mit einschließt. (Vgl. LEHRPLAN DER VOLKSSCHULE 2002, S. 34 f.). Die Grundschule hat u. a. die Aufgabe, den Schülern durch Schulung von mündigem Verhalten, Zusammenarbeit, Einordnung, Kritikfähigkeit und Entwicklung und Anerkennung von Regeln und Normen zum Aufbau bzw. zur Erweiterung einer sozialen Handlungsfähigkeit zu verhelfen. (Vgl. LEHRPLAN DER VOLKSSCHULE 2002, S. 20). Zu den Grundpfeilern im Zusammenwirken mehrerer Persönlichkeiten in einer Gruppe zählen außerdem Wertvorstellungen wie etwa Offenheit, Freiheit, Gleichwertigkeit, Wertschätzung, Eigenverantwortung, Risikobereitschaft und Selbststeuerung. (Vgl. LANGMAACK/BRAUNE-KRICKAU 1998, S. 5)
Hier wird vor allem die Bedeutung der Vermittlung von Normen und Werten betont, deren Schwerpunkt im sozialen Umgang liegt. Das allgemeine Anerkennen der Normen als wichtig, wahr und richtig ist das Fundament für Ordnung und Zuverlässigkeit im Sozialgefüge. Ein stabiles Normengerüst des sozialen Handelns wiederum stellt die Grundlage für gesellschaftliches Leben dar. (Vgl. SCHÄFERS in KORTE/SCHÄFERS 1998, S. 31).

Um als Gruppenleiter die Normenbildung beeinflussen zu können, ist es von Vorteil die Struktur dieses Prozesses zu verstehen.

---

[45] Wie bereits erwähnt, ist die Phase der Normierung und Differenzierung zeitlich kaum einzuschränken. Der Abschluss derselben ist als dynamisches Gleichgewicht zu verstehen.

Im Folgenden soll die Entwicklung der in einer Gruppe geltenden Regeln mit Hilfe des Modells der ‚vier Takte der Evolution' nach STAHL dargestellt werden.

5.2.1   Die vier Takte der Evolution[46] nach STAHL

Die von einer Gruppe aufgestellten Normen und Verhaltensregeln werden im **Gruppenvertrag** festgehalten. Im Allgemeinen wird dieser Vertrag nicht niedergeschrieben, sondern besteht als stille Vereinbarung zwischen den Mitgliedern[47]. In diesem Zusammenhang wird auch vom ‚Zielpool'[48] gesprochen. Die festgelegten Normen und Verhaltensregeln bzw. die Inhalte des Gruppenvertrags sollen helfen, bestimmte Ziele zu verwirklichen. Dadurch bestimmen die im Zielpool einer Gruppe ‚schwimmenden' Ziele die gemeinschaftlichen Vereinbarungen.

Da eine Gruppe stets den Einwirkungen der Außenwelt sowie inneren Veränderungen ausgesetzt ist und sich die anzustrebenden Ziele ändern können, kommt es im Laufe ihrer Geschichte immer wieder zu Anpassungen des gemeinschaftlichen Vertrags an neue Situationen, wobei jeder neue Vertrag eine Weiterentwicklung des vorigen darstellt und der Hergang dieser Entwicklung einem bestimmten Muster folgt.

Diese Ordnung wird von STAHL (2002, S. 20 – 24) im Modell des ‚evolutionären Viertakts' dargestellt, der aus den vier ‚Taktschlägen' Variation, Amplifikation, Selektion und Restabilisierung besteht. Störungen in diesem Kreislauf beeinträchtigen die Anpassungsfähigkeit einer Gruppe.

---

[46] STAHL (2002, S. 18 f.) verwendet den Begriff Evolution in Anlehnung an die Theorie von CHARLES DARWIN, in der Fortschritt im „Überleben" des sich Bewährten besteht.

[47] Der Gruppenvertrag bezieht sich zwar auf die ganze Gruppe, jedoch ist hier zu beachten, dass die einzelnen Gruppenmitglieder untereinander wiederum eigene – ausgesprochene oder unausgesprochene – Abkommen haben können.

[48] Vgl. hierzu „Der Gruppenzielpool – ein sich selbst organisierendes System" in STAHL 2002, S. 16 ff.

Abbildung[49]: Der evolutionäre Viertakt

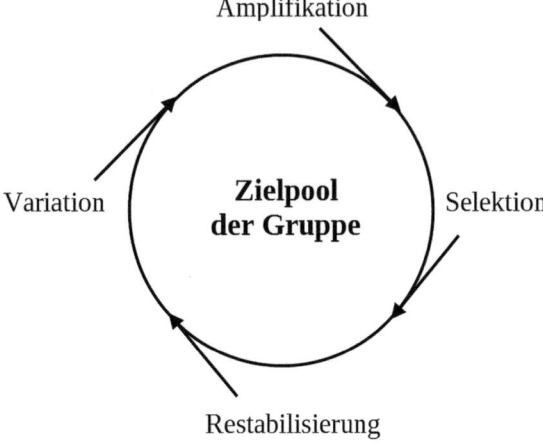

5.2.1.1 Variation des Zielpools

Der Zielpool der Gruppe ist nicht statisch, sondern dynamisch, das heißt, er ist Bewegungen unterworfen. Wie kommt es aber dazu, dass sich die Ziele einer Gruppe ändern? Neben den von der Gruppe verfolgten Zielen hat jedes Gruppenmitglied auch seine persönlichen Anliegen, Vorstellungen und Ideologien. Am Beginn der besagten Evolution stehen jene persönlichen Ideen als Veränderungsmöglichkeiten im Raum. Erst dadurch steht der Gruppe eine Palette von Optionen zur Weiterentwicklung zur Verfügung. Je vielfältiger das Angebot an individuellen Zielen ist, desto differenzierter wird die Evolution des Gruppenziels stattfinden. Die Anpassungsfähigkeit der Gruppe wird jedoch gemindert, wenn sie persönliche Philosophien aus Angst vor Chaos und Zerfall unterdrückt oder nicht zu Wort kommen lässt. Manchmal ist eine Gruppe so alteingesessen und abgestumpft, dass der vorherrschende Konformismus und Dogmatismus zu Engstirnigkeit oder Trägheit führen kann und Impulse von außen nötig sind, um sie wieder in Bewegung bringen zu können.

---

[49] Abbildung: PILZ 2010

5.2.1.2 Amplifikation von unterschiedlichen Zielen

Das Vorhandensein einer großen Vielfalt an persönlichen Zielpools ist nicht automatisch mit Fortschritt der Gruppe gleichzusetzen. Erst wenn durch die Zuspitzung einer Situation erkannt wird, dass eine Veränderung nötig ist, kommt es zu einer entscheidenden Gegenüberstellung der unterschiedlichen Ziele und einem Entscheidungsdruck.

In diesem ‚Taktschlag' ist die Konfliktfähigkeit der Gruppe gefragt, um auf konstruktive, demokratische Weise eine Lösung für die jeweilige Angelegenheit zu finden. Versäumen es die Mitglieder, sich mit den Konflikten auseinanderzusetzen, sind Verwirrung und unterschwellige Aggressionen oder aber Scheinharmonie die Folge.

5.2.1.3 Selektion der Gruppenziele

In dieser Phase kommt es zur Entscheidung, welche Normen und Regeln in den Zielpool der Gruppe aufgenommen werden. Unter Umständen werden dadurch Gruppenmitglieder, die eine andere Meinung vertreten, zu Außenseitern oder ihr Verhalten wird als abweichend gesehen. Andererseits sind Neuerungen im Gruppenvertrag vielleicht auf Verhaltensweisen von Mitgliedern zurückzuführen, die einst als abnormal bezeichnet wurden.[50]

Durch die Festlegung neuer (bzw. veränderter) Normen und Regeln wird die Ordnung des gemeinschaftlichen Abkommens geklärt und deren Stabilisierung grundgelegt.

Wird der Sachverhalt von der Gruppe allerdings als Konflikt erkannt und diskutiert, jedoch nicht durch den Beschluss einer mögliche Maßnahme gelöst, wird dadurch das Wohlbefinden und die Produktivität der Gruppe beeinträchtigt. In diesem Fall wäre es die Aufgabe des Gruppenleiters intervenierend einzugreifen, indem er den Entscheidungsdruck durch die Bewusstmachung der Folgen nicht getroffener Entscheidungen erhöht.

---

[50] Vgl. hierzu die funktionalistischen Theorien der Devianz nach DÜRKHEIM und MORTON.

5.2.1.4 Restabilisierung der Gruppe und Bewährung des neuen Vertrags

Ähnlich einem Regelkreis durchläuft der neue Gruppenvertrag die Regelstrecke und die dabei gewonnenen Ergebnisse entscheiden über die Bewährung oder das Ausscheiden der erprobten Normen und Regeln. Bis zu weiteren Neuerungen verbleibt die Gruppe in dieser Phase und festigt die veränderte Ordnung.

Hierbei kann es allerdings geschehen, dass neue Verhaltensnormen gar nicht erprobt werden, da die Gruppenmitglieder Angst vor Misserfolg haben. Dies führt zu Unproduktivität und zu zunehmender Unzufriedenheit.

Nur weil sich eine Gruppe Verhaltensregeln gesetzt hat, heißt das noch nicht, dass diese Normen auch eingehalten werden. Es könnte einige Zeit dauern, bevor die Regeln von den Gruppenmitgliedern internalisiert und in die Realität umgesetzt werden.

5.3 Die Einführung von Normen nach STANFORD

STANFORD hat in seiner Tätigkeit als Lehrer gruppendynamische Prozesse in Schulklassen untersucht. In der Strukturierung der Gruppenentwicklung setzt STANFORD in der Phase der Normierung fünf Schwerpunkte, die jeweils die Bildung eines bestimmten Teilbereichs sozialen Zusammenlebens zum Ziel haben. Der Lehrer hat die Aufgabe, darauf zu achten, dass die festgelegten Normen auch für die Gruppe hilfreich sind. (Vgl. STANFORD 2002, S. 15 f.). Insofern bieten die von STANFORD dargelegten Verhaltensregeln eine Richtschnur für die Schwerpunktsetzung von Lehrern, die ihren Schülern helfen wollen bestimmte Normen zu entwickeln.

5.3.1 Selbstverantwortlichkeit der Gruppe

Verantwortung zu übernehmen kann nur gelernt werden, wenn diese auch übertragen wird. Lehrer, die die Leitung von Klassenaktivitäten lieber selbst in die Hand nehmen, berauben Schüler um die Gelegenheit, Eigenverantwortung zu üben. Daher sollte versucht werden, den Unterricht von der traditionell lehrerzentrierten Struktur auf die gruppenzentrierte zu verschieben. Das bedeutet, dass die Leitung des vom Lehrer gelenkten Unterrichts durch die Verantwortung der Gruppe, eine bestimmte Aufgabe (weitgehend) selbst zu bewältigen, abgelöst wird. Die Gruppenmitglieder können nun nicht mehr in der Rolle des passiven Zuhörers verweilen, sondern müssen Eigeninitiative ergreifen und aktiv werden. Allerdings ist nicht zu erwarten, dass Schülergruppen von vornherein optimal miteinander arbeiten. Im Gegenteil: Der Lehrer muss damit rechnen, dass die Vorgangsweise der Schüler anfangs noch eher chaotisch[51] ist und seine Hilfe als Berater benötigt wird, um entsprechende Fähigkeiten zu lernen, die bei der Erreichung des Ziels helfen. (Vgl. STANDFORD 2002, S. 61-62).

Die Bedingungen für einen guten gruppen- und aufgabenorientierten Unterricht stellt der Lehrer in seinen Anforderungen an die Schüler: Die Gruppe muss innerhalb einer begrenzten Zeit durch Zusammenarbeit ein bestimmtes Ziel erreichen. Dabei müssen die Forderungen des Lehrers so deutlich formuliert und dargelegt werden, dass alle Teilnehmer genau wissen, was von ihnen erwartet wird. Allerdings wird die Bereitschaft der Schüler, sich bei der gestellten Aufgabe einzubringen, wesentlich dadurch beeinflusst, ob sie bei der Bestimmung der Lernziele Mitspracherecht erhalten. (Vgl. STANFORD 2002, S. 65 f.)

Während des Arbeitsprozesses sollte sich der **Lehrer** in der Funktion des Leiters zurückziehen und **lediglich die Rolle eines Beobachters** bzw. Beraters einnehmen – ohne dabei einen Schüler als Gruppenleiter zu ernennen. Manchmal kann es schwer sein, sich nicht in den Prozess einzumischen – in solchen Situationen muss der Lehrer jedoch Selbstbeherrschung üben! (Vgl. STANFORD 2002, S. 67 f.).

---

[51] STANFORD beschreibt die Gefühle des Lehrers in den ersten Tagen dieses Stadiums folgendermaßen: *„Während dieser Zeit müssen Sie sich darauf einstellen, dabei zu sein und mit ansehen zu müssen, dass die Schüler ihre Aufgabe nicht gerade perfekt erfüllen. Dieses sind einige der anstrengendsten Augenblicke für den Lehrer in dem gesamten Prozess der Gruppenentwicklung."* (STANFORD 2002, S. 67).

Am Ende einer Gruppenarbeit sollte das Ergebnis aufrichtig reflektiert und analysiert werden. Die dabei gewonnenen Erkenntnisse dienen als Grundlage für das Vorgehen beim nächsten Mal. Falls die Arbeit zu benoten ist, sollte eine Einheitsnote gegeben werden, damit das Bewusstsein der Selbstverantwortlichkeit der Gruppe gesteigert wird. (Vgl. STANFORD 2002, S. 68).

5.3.2 Eingehen auf die anderen

Um in einer Diskussion auf Ergebnisse zu kommen, müssen die Teilnehmer fähig sein, durch gegenseitiges Zuhören und das Verbinden von geäußerten Gedanken aufeinander einzugehen. Wenn die Gruppenmitglieder lediglich Statements zur eigenen Meinung abgeben und zwischen den einzelnen Wortmeldungen kein Zusammenhang hergestellt wird, kann das Gespräch kaum als produktiv bewertet werden. (Vgl. STANFORD 2002, S. 96 f.).

Eine empfehlenswerte Sozialform, die vom Lehrer gesetzt werden kann, ist die Anordnung der Gruppenmitglieder als **Kreis**. Einerseits können so alle Schüler einander sehen und andererseits wird durch die räumliche Struktur eine Gleichberechtigung der Teilnehmer gefördert. (Vgl. BADEGRUBER 2002, S. 12).

Das gegenseitige Zuhören beginnt nicht erst, wenn Gruppenmitglieder unmittelbar miteinander sprechen. Auch diejenigen Schüler, die gerade nicht direkt in die Diskussion verwickelt sind, sollten aufpassen, was gesagt wird. Das bedeutet, dass die einzelnen Gruppenmitglieder jederzeit bereit sein sollten, auf eine Frage oder Wortmeldung eingehen zu können. Um diese Bereitschaft zu fördern, kann der Lehrer – wenn er als Leiter einer Diskussion fungiert – Fragen von Schülern weitergeben, anstatt sie selbst zu beantworten. Insbesondere jene Schüler, deren Aufmerksamkeit auf andere Dinge gelenkt ist, werden dadurch wieder daran erinnert, zuzuhören und mitzudenken. (Vgl. STANFORD 2002, S. 98 ff.).

Der Lehrer sollte vermeiden, jede Schüleraussage mit eigenen Worten zu wiederholen. Solch ein Verhalten fördert die unterbewusste Meinung der Schüler, ihren Klassenkameraden nicht zuhören zu brauchen, da die Äußerung ohnehin vom Lehrer wiederholt wird. Weiters ist darauf zu achten, dass Beiträge einen Zusammenhang zu vorangegangenen Aussagen aufweisen. Falls ein Schüler einen Beitrag leistet, der sich nicht in den Diskussionsverlauf einfügt, sollte er unterbrochen bzw. gestoppt und darauf hingewiesen werden. (Vgl. STANFORD 2002, S. 100 f.). **Prinzipien des guten Zuhörens** können in diesem Zusammenhang geübt werden. Darunter fallen u. a. Blickkontakt, Mitdenken, Einfühlungsvermögen zeigen, Stille zulassen und Gehörtes in eigenen Worten wiedergeben. (Vgl. STANFORD 2002, S. 102-108).

5.3.3 Zusammenarbeit

Zusammenarbeit ist eine wesentliche Voraussetzung für die Effektivität einer Gruppe. Die Gruppenmitglieder helfen einander, indem sie ihre Informationen und Gedanken miteinander teilen und auf ein gemeinsames Ziel hinarbeiten. Im Gegensatz zu konkurrierenden Teilnehmern, die von Wettbewerbsdenken geleitet sind und sich gegenseitig übertreffen wollen, arbeiten kooperative Gruppenmitglieder nicht gegeneinander, jedoch miteinander. (Vgl. STANFORD 2002, S. 115). Für gewöhnlich führt Zusammenarbeit nicht nur zu einer Steigerung der Produktivität, sondern auch zu sozialerem Verhalten. Forschungsergebnisse belegen die Entwicklung bzw. Festigung des Gruppenzusammenhalts durch Aufgaben, die in Kooperation behandelt werden. (Vgl. SHERIF in STANFORD 2002, S. 116 ff.). Dabei spielt es keine Rolle, ob alle Gruppenmitglieder die gleiche Leistung bringen, solange **jeder gemäß seinen Talenten und Fähigkeiten seinen Beitrag leistet**. Die Kunst besteht darin, dass die Teilnehmer fähig werden, eine optimale Rollenverteilung – gemäß der gestellten Aufgabe – vorzunehmen, sodass effektiv zusammen gearbeitet werden kann. (Vgl. STANFORD 2002, S. 119). Vermutlich ist jedoch nicht die Effektivität einer Gruppe ausschlaggebend für deren Zusammenhalt, sondern lediglich das durch gemeinsame, kooperative Aktivitäten entstandene Zusammengehörigkeitsgefühl.

Der Lehrer kann durch sein Verhalten die Zusammenarbeit in der Klasse fördern, indem er einerseits Aufgaben stellt, deren Lösung die Kooperation der Schüler verlangt, und andererseits gewünschte Handlungsweisen belohnt. Wiederum wird hier auf die **einheitliche Benotung** hingewiesen, die nicht nur die Zusammengehörigkeit der Gruppe hervorhebt, sondern auch zu einem Verhalten des gegenseitigen Helfens führt. Insofern verlieren begabtere Schüler nicht an Achtung in der Klasse, die sie früher durch ihre guten Noten erlangt haben, denn ihre fachliche Kompetenz wird in Verbindung mit ihrem sozialen Handeln durch Anerkennung belohnt. Gelegentlich kann es passieren, dass der Lehrer eine Situation fehlinterpretiert und einen Schüler als helfendes „Organ zum Schummeln" beschuldigt. Der Lehrer muss daher ein feines Gespür dafür entwickeln, den Unterschied zwischen einfacher Weitergabe von Lösungen und aufrichtiger, sinnvoller Hilfe zu erkennen. Möglicherweise wäre auch ein gemeinsames Gespräch zu diesem Thema in der Klasse hilfreich. (Vgl. STANFORD 2002, S. 119-126).

5.3.4   Entscheidung durch Konsensbildung

Die Entscheidungsfindung in Gruppen kann auf verschiedene Weise geschehen. Es könnte zum Beispiel sein, dass Angelegenheiten von nur ein bis zwei starken oder populären Gruppenführern entschieden werden, ohne dabei genauer auf die Meinung der anderen Teilnehmer einzugehen. Für manche Gruppenmitglieder mag diese Methode vielleicht sogar ein Vorteil sein, da sie sich keine Gedanken über die Entscheidung machen brauchen und auch keine diesbezügliche Verantwortung übernehmen müssen. Andererseits könnte es sein, dass andere Mitglieder Informationen haben, deren Berücksichtigung zu einer anderen Entscheidung geführt hätte.

Eine weitere Handhabung der Entscheidungsfindung besteht in der Abstimmung bzw. dem Mehrheitsbeschluss. Vorteile dieser Methode bestehen darin, dass jeder einzelne aufgefordert ist, sich Gedanken zum Sachverhalt zu machen und zumindest mehr als die Hälfte der Teilnehmer hinter diesem Entschluss stehen werden. Andererseits kann es dabei passieren, dass dennoch eine ziemlich große Anzahl an Gruppenmitgliedern (nämlich annähernd die Hälfte) nicht hinter dieser Entscheidung steht. Außerdem kommt es durch die Entstehung von „Parteien" zu Polarisationen oder Spaltungen in der Gruppe.

Bei der Entscheidung durch Konsensbildung hingegen wird ein Entschluss angestrebt, der von *allen* Gruppenmitgliedern unterstützt wird. Dabei erleben sich die Mitglieder nicht als konkurrierende Teilnehmer, sondern als eine Gruppe, die auf der Suche nach der bestmöglichen Lösung für eine Angelegenheit ist. Jeder ist aufgefordert eigene, hilfreiche Informationen darzulegen und gleichzeitig anderen zuzuhören und sie in ihrer Sichtweise zu verstehen. Die Entscheidungsfindung durch Konsensbildung ist nicht immer leicht und sollte in manchen Situationen[52] auch nicht angewandt werden; falls die Gruppe allerdings auf diese Weise zu einer Übereinstimmung kommt, kann davon ausgegangen werden, dass alle Gruppenmitglieder hinter diesem Entschluss stehen. (Vgl. STANFORD 2002, S. 153-156).

Der Lehrer hat die Aufgabe, darauf zu achten, dass die Ergebnisse tatsächlich auf **Einigkeit** beruhen und nicht auf einem künstlich herbeigeführten Konsens. Daher darf eine Gruppe auch nicht zur Übereinstimmung gezwungen werden, denn es besteht die Gefahr, dass Teilnehmer ihre Meinung nur deswegen aufgeben, damit eine Diskussion schließlich zum Ende kommen kann, nicht aber weil sich deren Standpunkt verändert hat. (Vgl. STANFORD 2002, S. 157 f.).

Die Schüler sollten einerseits lernen, ihre eigenen Ansichten zu vertreten und andererseits ihre Einstellungen zu ändern, wenn neue Informationen Anlass dazu geben. Dabei spielt nicht nur der Inhalt der Information eine Rolle, sondern auch deren Wertigkeit. Manchmal kann ein gemeinsamer Weg erst dann gefunden werden, wenn Gruppenmitglieder zu der Einsicht gelangen, den anderen entgegenzukommen, indem Abstriche gemacht werden. Weiters kann es vorkommen, dass Meinungsverschiedenheiten lediglich auf Missverständnissen beruhen, das heißt, dass zwei Parteien zwar dasselbe meinen, doch mit verschiedenen Worten beschreiben und daher glauben, nicht einer Meinung zu sein. Eine klare Definition der Position ist daher eine Voraussetzung für die Konsensfindung. (Vgl. STANFORD 2002, S. 158 f.).

---

[52] Bei Diskussionsthemen, in denen es nicht um die Herstellung einer gemeinsamen Norm, sondern um persönliche Meinungen oder „Geschmackssache" geht, wäre es unsinnig einen Konsens herbeiführen zu wollen. In anderen Fällen ist es aufgrund des Zeitaufwands nicht zielführend eine Entscheidung durch Konsensfindung zu treffen. (Vgl. STANFORD 2002, S. 155).

JAY HALL fasste sinnvolles Verhalten für eine Konsensbildung in sieben Richtlinien zusammen:

1) Der eigene Standpunkt sollte klar dargelegt werden ohne ihn jedoch stur zu verteidigen.

2) Es sollte die Einstellung verinnerlicht werden, dass es nicht darum geht, der Gewinner eines Wettbewerbs zu sein, sondern um den bestmöglichen, gemeinsamen Weg als Gruppe zu finden.

3) Die eigene Meinung sollte nicht zugunsten von Harmonie in der Gruppe aufgegeben werden. Der Konsens muss für alle Gruppenmitglieder logisch und nachvollziehbar sein.

4) Der Konsensbildung sollte nicht durch Mehrheitsbeschlüsse, Münzen-Werfen oder Feilschen u. ä. ausgewichen werden.

5) Meinungsverschiedenheiten sollten nicht als Behinderung gesehen werden, sondern als Quelle für Wege und Möglichkeiten.

6) Sofortige Übereinstimmung sollte überprüft werden. Es muss sichergestellt werden, dass die Entscheidung auf Einigkeit beruht.

7) Jedes Gruppenmitglied trägt die Verantwortung, seine eigene Ansicht aufrichtig zu vertreten, andere nicht zu manipulieren und sich selbst nicht durch verfälschte Beweggründe zu einem Standpunkt zu bekennen, der nicht der eigenen Meinung entspricht.

(Vgl. HALL in STANFORD 2002, S. 160 f.).

5.3.5 Sich Problemen stellen

Sich Problemen zu stellen ist meist mit unangenehmen Spannungen und Konfrontationen verbunden. Daher liegt es nicht gerade in der Natur des Menschen, sich auf entsprechende Auseinandersetzungen zu freuen. Allerdings ist die Fähigkeit, sich Problemen stellen zu können, ein Zeichen für innere Reife und stellt eine Grundlage für Fortschritt dar.

Obwohl innerhalb einer Gruppe ein Problem vielleicht schon von allen Mitgliedern erkannt wurde, kann es vorkommen, dass diese Angelegenheit nie zum Thema einer Aussprache gemacht wird, da eine allgemeine Unsicherheit darüber herrscht, wie dieses Problem angegangen werden kann. Die Leitung des Lehrers kann dabei helfen, „das Eis zu brechen" und die Schüler dazu zu bewegen, über die Konfliktsituation zu sprechen, wobei manchmal alleine die Aussprache der eigenen Ansichten und Erwartungen Klarheit schafft und Hoffnung bzw. Zuversicht für die Zukunft entsteht.

Eine Schulklasse, die es gelernt hat, sich Schwierigkeiten zu stellen, ist vom Lehrer unabhängig und ist dem Anliegen, sich optimal zu entwickeln, näher gerückt. (Vgl. STANFORD 2002, S. 196-171).

Der Lehrer sollte die Schüler Schwierigkeiten durch Eigenreflexion benennen lassen und ihnen weder Angelegenheiten aufbürden, die außerhalb ihres (oder seines) Kompetenzbereiches liegen, noch Probleme aufzwingen, die lediglich er selbst als solche sieht. Diese Vorgangsweise verhindert, dass ein Sachverhalt, der von der Gruppe nicht als Problem empfunden wird oder gar nicht gelöst werden kann, zum Thema gemacht wird. Dies bedeutet jedoch nicht, dass der Lehrer völlig darauf verzichten sollte, (auf möglichst objektive Weise) auf bestimmte Umstände hinzuweisen. Allerdings sollte die Gruppe ermutigt werden, immer selbstständiger zu handeln und ihre Prozesse zu steuern. Einzugreifen ist jedoch beispielsweise, wenn Schüler auf verletzende Weise über andere Menschen sprechen und dabei meinen, doch „nur ehrlich" zu sein. Konfliktsituationen enthalten ein großes Potential an Unannehmlichkeiten und manchmal lässt es sich auch nicht vermeiden, dass Personen verletzt werden, jedoch sollte dies nicht in böswilliger Absicht geschehen. Die Gruppenmitglieder müssen lernen, problematisches Verhalten **objektiv und sachlich** zu behandeln – nicht, indem sie die Motive anderer interpretieren oder ihren Charakter beurteilen, sondern indem sie das jeweilige Verhalten beschreiben, ihre eigenen, damit verbundenen Empfindungen darstellen und konkrete Vorschläge zur Verbesserung der Situation vorbringen. (Vgl. STANFORD 2002, S. 172-176).

5.4 Vertrautheit und Wohlbefinden

Wie bereits erwähnt, handelt es sich in dieser Phase weniger um einen Prozess als um einen Zustand. Daher wird in vielen Phasenmodellen der Gruppenentwicklung diese Grundstimmung nicht ausdrücklich als Stadium genannt. Das Wissen um diese Phase hilft allerdings zu erkennen, ob vorangegangene Entwicklungsschritte erfolgreich abgeschlossen wurden und die Gruppe eine stabile Werte-, Normen- und Rollenstruktur entwickelt hat. (Vgl. TSCHIRA 2003, S. 219 f.).

Das Stadium der Vertrautheit und des Wohlbefindens ist von allgemeiner Zufriedenheit und Solidarität geprägt. Ein klares Wir-Gefühl hat sich eingestellt, welches Sicherheit und Geborgenheit vermittelt. Die Gruppe gibt den einzelnen Mitgliedern sozialen Halt, indem sie erlaubt, sich öffnen zu können, ohne sich dabei bedroht fühlen zu brauchen. Dies bedeutet jedoch nicht, dass es nicht auch kleinere Auseinandersetzungen zwischen den Gruppenmitgliedern geben kann. (Vgl. WELLHÖFER 1993, S. 11).

Zeichen für die Verwirklichung dieser Phase sind die **Bereitschaft, Verantwortung zu übernehmen,** der **produktive Umgang mit Meinungsverschiedenheiten** und **eine allgemein gute Stimmung,** die durch sozialen Umgang miteinander hervorgerufen wird. Die Gruppe ist **sich ihrer eigenen Stärken bewusst.**

Hierbei besteht allerdings die Gefahr, dass aus Angst vor Verlust der Einigkeit[53] der Gemeinschaft auftretende Schwierigkeiten ignoriert oder abgetan werden. Dies würde zu einer Schwächung der inneren Struktur der Gruppe führen und sich in einer vorgetäuschten Harmonie (Scheinharmonie) äußern. Ein entstandener Konformitätsdruck kann auch die Folge der Erwartungshaltung eines Gruppenleiters sein.

Prinzipiell ist dieses Stadium jedoch von Anerkennung und Wohlbefinden geprägt und sollte von den Schülern bewusst erlebt und genossen werden können, ohne dass der Lehrer zu sehr in das Geschehen eingreift. (Vgl. TSCHIRA 2003, S. 220 f.).

5.4.1 Exkurs: Außenseiter

Im Gefüge einer Schulklasse existieren mehrere Formen sozialer Strukturen und Positionen. Nun wurde das soziale System einer Gruppe im Stadium der Vertrautheit und des Wohlbefindens beschrieben und es

---

[53] Die hier genannte Angst kann als soziales Pendant zur sachlich orientierten „Versagensangst" in der Phase der Produktivität gesehen werden. (Vgl. hierzu das Kapitel „Versagensangst" in STAHL 2002, S. 162 ff.).

mag der Eindruck einer „heilen Welt" entstanden sein. Empirische Studien belegen jedoch, dass am Ende des zweiten Schuljahres ca. 15% aller Kinder[54] von keinem Mitschüler als Freund genannt werden. Weiters konnte gezeigt werden, dass über 70% der Kinder, die zu Schulanfang als Außenseiter galten, auch am Ende der zweiten Klasse noch keinen Anschluss an die Gruppe gefunden haben. Der Ausschluss aus der Gruppe äußert sich oft nicht nur in der Verweigerung der Teilnahme, sondern ebenso im Ausleben von körperlichen Aggressionen (besonders bei Jungen) und in Verhaltensweisen wie etwa Hänseln und Verspottung (insbesondere bei Mädchen). (Vgl. PETILLON 1993, S. 118).

Die Unerwünschtheit der Außenseiterrolle wird jedoch schnell relativiert, wenn zahlreiche Studien berücksichtigt werden, die dessen konsolidierende Wirkung auf die Gruppe belegen. Außenseiter nehmen nämlich eine Art „Blitzableiter-Funktion" ein, indem in der Gruppe entstandene Spannungen auf sie abgeladen werden. Dieser Aspekt scheint für die Gruppe von so großer Bedeutung zu sein, dass die Rolle des Außenseiters in fast allen sozialen Gefügen als ‚**Normal-Rolle**' betrachtet werden kann. (Vgl. u. a. HARTFIEL/HILLMANN 1982, S. 49 f.). Auch für den Außenseiter selbst kann seine Position auch Vorteile haben. Der Außenstehende ist der Gruppe weniger stark verpflichtet, kann sich deshalb jederzeit aus dem Gruppengeschehen zurückziehen und seinen eigenen Weg gehen. Er hat nichts zu verlieren. (Vgl. TSCHIRA 2003, S. 239 ff.).

Dennoch sollte es sich der Lehrer[55] zur Aufgabe machen, darauf zu achten, dass jeder einzelne Schüler so gut wie möglich in die Schulklasse integriert werden kann. Außenseitertum, Toleranz und Integration sind Worte, die einander nicht zwangsläufig ausschließen. Interaktionsspiele

---

[54] Allerdings ist der Anteil der nicht als Freund genannten Kinder bei Jungen mehr als doppelt so hoch als bei Mädchen. (Vgl. PETILLON 1993, S. 118).

[55] LEWIN, LIPPITT und WHITE (1939) konnten experimentell zeigen, dass das Führungsverhalten des Lehrers einen Einfluss auf das Suchen nach „Sündenböcken" hat: Ein autoritärer Führungsstil ruft in den Kindern das Bedürfnis hervor, Schuldige zu suchen. Im Gegensatz zum sozial-integrativen Führungsstil, in dem das „Wir-Gefühl" im Vordergrund steht und keine Sündenböcke benötigt werden. (Vgl. WELLHÖFER 1993, S. 86 f.).

und andere gruppendynamische Übungen können dabei helfen, nötige Voraussetzungen dafür zu schaffen.

Außenseiter sind *„Personen, die sich im Rahmen und in der sozialen Struktur einer Gruppe oder Organisation relativ regelmäßig durch abweichendes Verhalten auszeichnen und bewusst oder unbewusst aufgrund eigener Entscheidung, fremder Einwirkung oder objektiver Zwänge die als normal und allgemein verbindlich geltenden Normen verletzen bzw. die Verhaltenserwartungen der anderen enttäuschen."* (HARTFIEL/HILLMANN 1982, S. 49). Dies bedeutet, dass ein Verständnis der Gruppe für „anderes" Verhalten und dessen Toleranz zu einer **allgemeinen Akzeptanz von Außenseitern** führen kann. Letztendlich ist es aber nicht nur die Entscheidung der Gruppe, sondern auch des Einzelnen, ob und inwiefern er in die Gruppe integriert wird.

5.5 Produktivität

Im Laufe der Gruppenentwicklung bilden sich zwei verschiedene Rollensysteme heraus. Das eine umfasst das emotionale System einer Gruppe und das andere den leistungsorientierten Bereich. Soziometrische Analysen haben gezeigt, dass sich die Rollenverteilung in diesen beiden Systemen meist deutlich voneinander unterscheidet. (Vgl. WELLHÖFER 1993, S. 12 f.). Wie bereits oben erwähnt, äußert sich dieser Unterschied in der Existenz von **„Leistungsführern"** und **„Beliebtheitsführern"**. Der jeweilige Einfluss der Führer ist situationsabhängig. (Vgl. u. a. GUKENBIEHL in SCHÄFERS 1986, S. 95). Auf den ersten Blick mag ein Leistungsführer in der Phase der Produktivität eine bedeutendere Rolle spielen als der Beliebtheitsführer. In Wirklichkeit macht erst das Zusammenspiel beider Führerschaften die Qualität der Arbeitsphase aus, da es zwar einerseits um das Erbringen von Leistung geht, aber andererseits ebenso um die Lust am gemeinsamen Schaffen. (Vgl. TSCHIRA 2003, S. 220).

Je besser die Rollenverteilung und Normenvereinbarung stattgefunden hat, desto effektiver werden die Gruppenmitglieder kooperieren können und desto weniger Energie für Missverständnisse, Konflikte u. ä. muss aufgewendet werden. (Vgl. STAHL 2002, S. 160). Laut STANFORD (2002, S. 210) besteht eine wichtige Charaktereigenschaft einer produktiven Gruppe im dynamischen Gleichgewicht zwischen der Bewältigung der Aufgabe und den zwischenmenschlichen Bedürfnissen der Gruppenmitglieder. Das heißt, dass das kognitive Leistungspotential zwar völlig genutzt wird, jedoch emotionale Anliegen ebenso berücksichtigt werden.

Durch das Erleben der eigenen Rolle in der Produktionsphase findet jedes Gruppenmitglied für sich heraus, wie sehr bzw. ob es für die Gruppe von Nutzen ist. Andererseits werden sachliche sowie zwischenmenschliche Erfahrungen zeigen, ob die Gruppe auch einen Nutzen für das jeweilige Mitglied hat. Ein Gruppenmitglied, welches diese reziproke Nützlichkeit nicht erfährt, wird die Gruppe früher oder später verlassen. (Vgl. STAHL 2002, S. 161).

Empfindet ein Schüler bei der Arbeit eine Art Hochgefühl, kann man den Zustand als ‚**Flow-Erlebnis**' bezeichnen. Diese Arbeitseuphorie ist das Produkt einer Herausforderung, die das Leistungspotential des Schülers zwar ausschöpft, es jedoch nicht übersteigt. Es ist sozusagen der ‚Bereich zwischen Über- und Unterforderung'. Beim optimalen Zusammenarbeiten einer Gruppe kommt es zum ‚Gruppenflow'. Dieser kann jedoch nur entstehen, wenn die ganze Energie der Gruppe in die Tätigkeit fließt. Falls die vorangegangenen Entwicklungsphasen (noch) nicht erfolgreich durchlaufen wurden, kann sie ihre Aufmerksamkeit nicht vollends auf die jeweilige Aktivität richten und daher kann kein Flow erreicht werden.

Das bemerkenswerte Merkmal eines Flow-Erlebnis besteht im Handeln bzw. **Arbeiten aus Freude an der Sache** und nicht aufgrund von Pflicht oder Zwang. Eine solche Einstellung ist nicht nur wünschenswert, sondern durchaus erstrebenswert. Sie ist ein Ausdruck von Lebensenergie bzw. -freude. (Vgl. CSIKSZENTMIHALYI in TSCHIRA 2003, S. 221 f.). Der Lehrer sollte versuchen, durch geschickte Wahl von Lernaktivitäten, die sowohl den leistungsorientierten Bereich als auch einen affektiven Aspekt fordern bzw. fördern, günstige Vorrausetzungen für die Umsetzung eines optimalen Gruppenlebens zu schaffen. Mit anderen Worten: Wird das Lernziel mit Themen verbunden, die dem sozial-emotionalen Interesse der Schüler entsprechen, hilft der Lehrer damit der Gruppe, ihr dynamisches Gleichgewicht zu halten (und leichter zu einem Gruppenflow zu gelangen). (Vgl. STANFORD 2002, S. 214 f.).

Die Phase der Produktivität ist geprägt durch die Zielorientierung und die Vertiefung des Wir-Gefühls. Trotz unterschiedlicher Rollen und Positionen werden alle Gruppenmitglieder als gleichwertig angesehen. Gruppenführer erheben sich nicht über andere und Außenseiter werden von der Gruppe eingegliedert. Jeder Teilnehmer leistet seinen Beitrag gemäß seinen individuellen Talenten und Fähigkeiten und es wird von ihm nicht mehr verlangt, als er leisten kann. Niemand braucht Angst zu haben, ausgeschlossen zu werden, weil er einmal anderer Meinung als der Rest der Gruppe ist. (Vgl. TSCHIRA 2003, S. 223).

Schüler, die als Klassengemeinschaft bzw. als Team mit Arbeitslust an einer Sache arbeiten, stellen für den Lehrer in seiner Rolle eine große Entlastung dar. Unterrichtsstörungen werden reduziert, das Klassenklima ist optimal, die Gruppe arbeitet effektiver und fühlt sich dabei auch noch wohl. (Vgl. TSCHIRA 2003, S. 225).

Die Produktivitätsphase ist zwar der Höhepunkt der Entwicklung einer Gruppe, jedoch nicht der Endpunkt. Gruppendynamische Prozesse werden weiterhin passieren und die eine oder andere Herausforderung an die Mitglieder der Gruppe könnte an ihre Grenzen gehen und sie in ein Entwicklungsstadium zurückfallen lassen. Dem Lehrer kommt in solchen Situationen wiederum die Aufgabe des helfenden Beraters zu, der die Schüler – wenn nötig – dabei unterstützt, den gewünschten Zustand wiederherzustellen. (Vgl. STANFORD 2002, 213 f.).

Allerdings sollte sich der Gruppenleiter – wie in der Vertrautheitsphase – auch in der Phase der Produktivität eher im Hintergrund halten. Sein Rückzug aus dem Geschehen wird von der Gruppe als Vertrauen interpretiert und stärkt deren Eigenständigkeit. Diese Aufgabe kann für manch einen Lehrer eine schwierige Übung sein. Wird jedoch von außen zu sehr in den Arbeitsprozess eingegriffen, besteht die Gefahr, dass die Gruppe in ihren Bemühungen behindert wird oder ihre Leistung schließlich nur bringt, um es dem Lehrer „recht zu machen". (Vgl. STAHL 2002, S. 166). Nichtsdestotrotz bildet sich im Laufe einer optimalen Gruppenentwicklung einer Schulklasse häufig auch ein **freundschaftliches Verhältnis zwischen den Schülern und dem Lehrer**. (Vgl. STANFORD 2002, S. 212). Er wird zwar kaum den Status eines führenden Schülers erreichen, dennoch ist sein emotionaler Einfluss auf die

Gruppe gestiegen. Wenn Schüler ihre Beziehungen zu Lehrern als positiv erleben, kann das sogar dazu führen, dass sie die Schule gern besuchen. (Vgl. HERLYN in SCHÄFERS 1980, S. 241 f.). Empirischen Studien von ERICH MAYRHOFER (2004, S. 95-99) zeigen, dass dies in der Oberstufe allgemein bildender und berufsbildender Schulen in der Regel jedoch kaum der Fall ist – im Gegenteil: 60% der Schüler fühlen sich dem Lehrer sogar ausgeliefert und lediglich 5% der befragten Schüler empfinden, dass ihre Beziehung zum Lehrer nicht durch Defizite beeinträchtigt ist. Demnach scheint – zumindest in der Oberstufe – ein großer Nachholbedarf an sozial-integrativen Fähigkeiten der Lehrer zu herrschen.

Diesbezügliche Studien, welche die Situation des Volksschülers beleuchten, konnten nicht gefunden werden. Da der Volksschullehrer für den Schulanfänger meist die „erste wichtige Bezugsperson[56] außerhalb der Familie" (SPRINGER 1990, S. 44) darstellt, ist jedoch anzunehmen, dass die Beziehung zwischen den Schülern und dem Lehrer in der Volksschule eher als positiv empfunden wird.

5.6 Abschluss und Trennung

„Alles hat ein Ende – nur die Wurst hat zwei." Dieses Sprichwort trifft auch auf die Geschichte einer Klassengruppe zu. Egal, welche Entwicklungsphasen von der Gruppe durchlebt oder erfolgreich abgeschlossen wurden, früher oder später wird es zum Abschluss der Schulzeit kommen und die einzelnen Schüler werden ihrer Wege gehen. Wie intensiv der Abschluss jedoch erlebt wird, hängt allerdings von der Stärke der emotionalen Beziehungen ab, welche die Schüler miteinander verbunden haben. Wurden kaum informelle Beziehungen geknüpft, wird die Auflösung der Schulklasse weitgehend ereignislos über die Bühne gehen. Je enger das soziale Netz einer Gruppe geflochten ist, desto schwieriger wird die Verarbeitung einer Trennung. (Vgl. STANFORD 2002, S. 222 f.).

---

[56] „Person, mit der sich andere Personen identifizieren in dem Sinne, dass sie deren Urteile, Meinungen, Verhaltensweisen als Maßstab für die eigenen betrachten." (HARTFIEL/HILLMANN 1982, S. 93).

Die Abschlussphase wird neben Freude über das gemeinsam Erreichte häufig auch von Symptomen begleitet, die aus einer Trennungsangst resultieren und als Abwehrmechanismen zu verstehen sind. Getragen werden diese Phänomene meist durch Ignoranz des Schlusses. (Vgl. TSCHIRA 2003, 225 ff.). Mit anderen Worten: Die Gruppenmitglieder wollen sich nicht eingestehen, dass „das Ende" bevorsteht und reagieren darauf mit Verhaltensweisen, welche die Aufmerksamkeit auf andere Bereiche lenkt.

Gegen Ende der Existenz einer Schulklasse sind immer wieder kleinere, scheinbar grundlose Streitereien zu beobachten. Konflikte werden (unbewusst) heraufbeschworen, um sich selbst damit zu beweisen, dass die bestehenden Freundschaften ohnehin nicht recht fest seien. Die dadurch entstehende Distanz soll helfen den Trennungsschmerz zu lindern. Teilnahmslosigkeit, das Zurückfallen in ein früheres Stadium und krampfhafte Versuche, an der effektiven Zusammenarbeit der Gruppe festzuhalten sind weitere, typische Phänomene der Abschlussphase. In manchen Fällen kann es auch vorkommen, dass sich die Trennungsangst auf gegen den Lehrer gerichtete Aggressionen überträgt. (Vgl. STANFORD 2002, S. 223 ff.).

Wie auch immer sich die Trennungsangst äußern möge, solange eine Situation nicht abgeschlossen wurde, werden die Gedanken der Teilnehmer nicht frei sein, sich auf neue Situationen einzulassen. (Vgl. TSCHIRA 2003, S. 226). Der Gruppenleiter hat daher die Aufgabe, die Gruppe in dieser Übergangsphase zu betreuen, indem er ihnen bei der Auswertung der vergangenen Entwicklungsgänge hilft und die Voraussetzungen für einen entsprechenden Ausklang bietet. (Vgl. WELLHÖFER 1993, S. 13). Wird der Abschied vom Leiter nicht bewusst geplant und unterstützt, könnte der Abschluss zu einer negativen Erfahrung für die Teilnehmer werden. Allerdings ist hier auch zu bedenken, dass der Gruppenleiter in diesem Fall ebenso in den Prozess des Verabschiedens mit einzubeziehen ist, da er genauso von einem Trennungsschmerz betroffen ist, den es zu überwinden bzw. zu verarbeiten gilt. (Vgl. TSCHIRA 2003, S. 227 f.).

Der erste Schritt zum positiven Abschluss der gemeinsamen Zeit ist die Bewusstmachung des nahenden Endes. Die Ereignisse innerhalb der Gruppe sollten gemeinsam reflektiert und analysiert werden, um einen Überblick über die gemachten Erfahrungen zu gewinnen. Indem der

Lehrer offen über seine eigenen Gefühle spricht, hilft er den Schülern, sich ebenfalls zu öffnen und der Situation bewusst gegenüberzustehen. Die Empfindungen der Schüler bestehen meist nicht nur aus Traurigkeit und Trennungsangst, sondern auch aus Wut, Aggression und Unsicherheit, aber auch Gefühle der Dankbarkeit, Erleichterung und Hoffnung können vorkommen. Den Teilnehmern sollte die Gelegenheit geboten werden, über ihre Eindrücke zu sprechen und offen gebliebene Angelegenheiten zu klären bzw. abzuschließen (z. B.: sich bei jemandem bedanken oder entschuldigen usw.). Bei all den aufkommenden Gefühlen sollte der Lehrer bereit sein, sie zu akzeptieren. (Vgl. STANFORD 2002, S. 225-228).

„Am allerbesten löst man eine Gruppe dann auf, wenn möglichst alles geklärt ist."

(STANFORD 2002, S. 228).

6 Die Rolle des Lehrers

Im bisherigen Verlauf dieser Arbeit wurde immer wieder auf die Rolle des Lehrers bzw. Gruppenleiters hingewiesen. Im Folgenden soll jedoch noch auf weitere Aspekte der Ansprüche an den Lehrer und der Auswirkungen des Lehrerverhaltens eingegangen werden.

Bevor ein Leiter mit einer Gruppe ein Ziel erreichen kann, muss er sich zuerst einmal seines Zieles bewusst sein. (Vgl. TSCHIRA 2003, S. 292). Prinzipiell umfasst die Aufgabe des Lehrers zwei Bereiche: Einerseits den Kindern dazu verhelfen sich in der Klasse wohl fühlen zu können und andererseits den Schülern optimale Entwicklungsmöglichkeiten zu bieten. Auf diese Weise werden die Kinder sowohl als ,**Seiende**' als auch als ,**Werdende**' behandelt. (Vgl. ROTTHAUS 2002, S. 48).

Um ein Maximum an Wachstum für die Gruppe und den Gruppenleiter zu erreichen, muss der Gruppenleiter als Person teilnehmen und nicht als eine Art Trainer oder Experte. Je mehr der Gruppenleiter in den Interaktionen mit Gruppenmitgliedern er selbst ist, desto erfolgreicher wird er eine Gruppe führen. (Vgl. ROGERS 1974, S. 158 f.). Dabei geht es um mehr als um gewisse Fähigkeiten: Es geht um eine Haltung, *„um eine Sichtweise, die das Schauen und Handeln des Beobachters in einer grundlegenden Weise* [bestimmt]". (TSCHIRA 2003, S. 289).

In der Regel betrachten die Kinder den Lehrer äußerst selten als Teil der informellen Gruppe. (Vgl. HERLYN in SCHÄFERS 1980, S. 231). Dennoch spielt der Lehrer eine wesentliche Rolle in der Entwicklung der Persönlichkeit der Kinder. Durch **wertschätzendes Verhalten** den einzelnen Kindern gegenüber kann das Klassenzimmer zu einem Ort des Vertrauens, der Zuneigung, der Anerkennung und Offenheit werden, was soziales Verhalten der Schüler fördert. (Vgl. LEHRPLAN DER VOLKSSCHULE 2002, S. 21 f.). Die Vorbildwirkung des Lehrers ist hierbei zwar nicht zu unterschätzen, jedoch bedeutet dies nicht, dass er keine Fehler machen darf. Im Gegenteil: Wenn ein Erzieher nur Stärken hätte, so würde er für die Kinder ein unerreichbares Modell darstellen. Gesteht er den Schülern jedoch seine Schwächen ein und **entschuldigt sich auch für falsches Verhalten**, fördert dies den Respekt der Kinder und wirkt noch dazu wiederum als Vorbild. (Vgl. ROTTHAUS 2002, S. 51 f.).

Zweifelsohne ist der Einfluss des Lehrers gravierend - was aber nicht bedeutet, dass ohne sein Einwirken keine Klassengemeinschaft entstehen kann oder umgekehrt. Der Erzieher muss verstehen, dass jedes Individuum selbst entscheidet, ob es sich einer erzieherischen Intervention fügt oder nicht. Mit anderen Worten: Therapiert[57] kann nur werden, wer es auch zulässt. Ein Lehrer, der dieses Prinzip nicht verinnerlicht hat, läuft Gefahr enttäuscht zu werden, falls seine Bemühungen erfolglos bleiben. (Vgl. ROTTHAUS 2002, S. 66 f.).

6.1 Die Macht des Lehrers in der Gruppenentwicklung

Ein Großteil der Schüler[58] hat das Gefühl, der Macht des Lehrers ausgeliefert zu sein. (Vgl. MAYRHOFER 2004, S. 97). Berechtigterweise stellt sich die Frage, wie viel Macht bzw. Einfluss der Lehrer tatsächlich auf Vorgänge in der Schule – oder vielmehr in der Klasse – hat.

Für gewöhnlich ragt ein Volksschullehrer in der Schulklasse allein durch seine körperliche Größe und sein altersbedingtes Erscheinungsbild heraus. Es wird kaum vorkommen, dass ein Kind den Lehrer nicht schon am Aussehen erkennt. Dazu kommt seine exponierte Position „an der Tafel" im Klassenzimmer, die ebenfalls auf seine Leiterrolle hinweist. Da eine Gruppe ohne Leiter gar nicht existieren kann, wird vom Lehrer zunächst sogar erwartet, dass er die Leitung übernimmt. (Vgl. TSCHIRA 2003, S. 288). Daraus kann geschlossen werden, dass dem Lehrer von den Schülern a priori ein bestimmter Grad an Macht bzw. Kompetenz zugesprochen wird. Vorerst basiert seine Autorität lediglich auf formellen Aspekten.

---

[57] Das Wort „therapiert" ist in diesem Zusammenhang nicht wörtlich zu nehmen. (Vgl. hierzu auch RECHTIEN 1999, S. 218 f. über gruppendynamisches Training als „Therapie für Normale").
[58] Schüler in der Oberstufe einer AHS bzw. BHS.

Gewissermaßen stellt der Lehrer den Schnittpunkt der Formalität des Schulsystems und den informellen Forderungen bzw. Bedürfnissen der Schüler dar. REICHWEIN stellt fest, dass die Autorität des Lehrers immer auf dessen ‚von außen gesetzte und nicht von den Schülern gewählte' Position zurückzuführen sein wird und dass ein Lehrer niemals den Platz eines klasseninternen, informellen Führers einnehmen wird. (Vgl. HERLYN in SCHÄFERS 1980, S. 241 f.). Tatsächlich ist der Einfluss des Lehrers auf die Schüler zwar begrenzt – jedoch nicht gering. Voraussagen zu können, in welche exakte Richtung sich eine Gruppe entwickeln wird, ist allerdings aufgrund ihrer Eigendynamik und der Entscheidungsfreiheit ihrer Mitglieder prinzipiell nicht möglich. Dennoch sind förderliche oder hemmende Maßnahmen, die vom Lehrer gesetzt werden, von wesentlicher Bedeutung für die Entwicklungsrichtung der Schulklasse. (Vgl. TSCHIRA 2003, S. 286).

In allen Phasen der Gruppenentwicklung muss jedoch **die persönliche Freiheit der einzelnen Schüler respektiert werden**. Es darf also kein Kind zu einer Handlung gebracht werden, indem ihm die Entscheidungsfreiheit genommen wird. Eine Diskriminierung der Entscheidungsfreiheit hätte eine Zurücksetzung der autoritativen[59] Macht des Lehrers zur Folge, wodurch sein Einfluss auf die Gruppe auf eine ablehnende Haltung stoßen würde. Andererseits darf der Lehrer keine Scheu haben, die Klassengruppe zu leiten und zu lenken um die notwendige Ordnung zu wahren. Eine zu lockere Haltung würde zu einer ‚Diffusität des Miteinanders' – also allgemeiner Verwirrung – führen. (Vgl. SCHULZ VON THUN 2003b, S. 182).

6.2 Die Auswirkungen des Führungsstils des Lehrers

Der Führungsstil wird prinzipiell durch zwei Aspekte geprägt, einerseits dem Verhältnis Nähe-Distanz und andererseits der Intensität der Lenkung. (Vgl. WELLHÖFER 1993, S. 89 f.). Die sich daraus ergebenden

---

[59] Die autoritative Macht wird dem Subjekt von außen zugeschrieben und steht im Gegensatz zur autoritären Macht, die durch das Subjekt erzwungen wird.

Führungsstile können in drei Typen kategorisiert werden: Dem autoritären (Distanz, starke Lenkung), dem sozial-integrativen bzw. demokratischen[60] (Nähe, mäßige Lenkung) und dem Laisser-faire (weder Nähe noch Distanz, keine Lenkung) Führungsstil.

Von wesentlicher Bedeutung bei der Untersuchung der Führungsstile und deren Auswirkungen sind die Experimente der LEWIN-LIPPITT-WHITE-TAUSCH/TAUSCH-Forschung (1939), deren Ergebnisse einen engen Zusammenhang zwischen dem Verhalten des Gruppenleiters und dem der Kinder zeigen konnten und bewiesen, dass ein und dieselbe Person verschiedene Führungsstile anwenden kann – unabhängig davon, welche grundsätzlichen Persönlichkeitseigenschaften sie hat. (Vgl. WELLHÖFER 1993, S. 86).

Im Folgenden wird auf die drei genannten Führungsstile und deren Auswirkung genauer eingegangen. (Vgl. hierzu u. a. LEWIN-LIPPIT-WHITE-TAUSCH/TAUSCH in MAYRHOFER 2003, S. 50). Bereits an dieser Stelle sei auf die augenscheinliche Signifikanz der Vorbildwirkung des Führers hingewiesen: **Das Verhalten der Gruppenmitglieder spiegelt seine Beziehung zu den Geführten wider.**

6.2.1 Der autoritäre Führungsstil

Der autoritäre Klassenlehrer zeichnet sich durch seinen bedingungslosen Autoritätsanspruch aus. Er verlangt unbedingten Gehorsam und Unterordnung. Für ihn steht die kognitive Leistung im Vordergrund. Die verwendete Form der Kritik ist personenbezogen und äußert sich in häufigem Tadel und Beschimpfungen. Persönliche Beziehungen zu Schülern werden nicht eingegangen.

Die Schüler-Schüler-Beziehung wird zum Spiegelbild der Lehrer-Schüler-Beziehung. Das Verhalten untereinander ist von Aggression und Herrschsucht geprägt. Das „Ich" steht im Vordergrund und soziale Handlungsweisen sind Ausnahmen. Sobald der Lehrer das Klassenzimmer verlässt, wird die Arbeit eingestellt und die Disziplin beiseite ge-

---

[60] Nicht alle Autoren sind mit dem Begriff „demokratisch" in diesem Zusammenhang zufrieden, da Demokratie die Wählbarkeit der Führungsperson einschließt. (Vgl. REISCH/SCHWARZ 2002, S. 36).

schoben. Die Schüler haben nicht das Bedürfnis, die Initiative zu ergreifen und sich aktiv in das Unterrichtsgeschehen einzubringen. Die Gruppe wird oft von Rivalitäts- und Rangkämpfen sowie von Zerfallserscheinungen begleitet.

6.2.2 Der Laisser-faire-Führungsstil

Im Laisser-faire-Führungsstil steht die Teilnahmslosigkeit des Lehrers im Vordergrund. Die Klassengruppe erfährt keine formelle Lenkung. Seine gleichgültige Haltung führt weder zu einer klaren Beziehung zu den Schülern noch zu einer erkennbaren Erwartung an die Schüler. Der Lehrer äußert weder Lob noch Kritik und die zu erbringende Leistung wird dem Zufall überlassen.

Die Folgen eines solchen Lehrerverhaltens münden in Orientierungslosigkeit, Unzufriedenheit, geringe Leistung und wenig Gruppenzusammenhalt. (Vgl. hierzu REISCH/SCHWARZ 2002, S. 36). In der LEWIN –LIPPIT-WHITE-TAUSCH/TAUSCH-Forschung führte dieser Führungsstil zu den geringsten quantitativen und qualitativen Arbeitsleistungen sowie zu Entmutigung der Kinder. (Vgl. GÖTZ-MARCHAND in SCHÄFERS 1980, S. 166).

6.2.3 Der sozial-integrative Führungsstil

Der sozial-integrative bzw. demokratische Lehrer ist durch sein kooperativ-partnerschaftliches Verhältnis zu den Schülern gekennzeichnet. Die Klassengruppe wird durch ihn zwar gelenkt, jedoch kann die Meinung des Lehrers auch geändert werden und somit bleiben dabei **Freiräume für Vorschläge von Schülern.**[61] Die Lehrer-Schüler-Beziehung basiert auf positiver Zuwendung, welche durch **häufiges Lob** und **sach**-

---

[61] Die Einbeziehung der Schüler zur Entscheidungsfindung und Regelsetzung in erzieherischen Fragen hilft bei der Umsetzung derselben. „Der Respekt vor der Autonomie des Kindes wird es […] am ehesten ermöglichen, eine glückliche Mitte zwischen „Laisser-faire" und Überregulierung zu finden." (ROTTHAUS 2002, S. 91).

bezogener, konstruktiver Kritik zum Ausdruck kommt. Den Schülern wird **Vertrauen** entgegengebracht und **Verantwortung übertragen.** Nicht nur kognitive, sondern auch **affektive und solidarische Leistungen werden belohnt.**
Die hier dargestellte Haltung entspricht prinzipiell der vom österreichischen Lehrplan an den Volkschullehrer gestellten Forderung einer Schule als sozialer Lebens- und Erfahrungsraum. (Vgl. LEHRPLAN DER VOLKSSCHULE 2002, S. 21 f.).

Der sozial-integrative Führungsstil macht sich in einem guten Klassenklima bemerkbar. Die Umgangsweise der Schüler untereinander ist von Freundlichkeit, Respekt und einem Wir-Gefühl geprägt. Der Lehrer wird ebenfalls respektvoll behandelt. Der Unterricht ist häufig durch eine aktive Haltung, Konstruktivität und Begeisterung gekennzeichnet. Die persönliche kritische Auseinandersetzung mit den Themen ist erwünscht und dies führt daher zu einer größeren qualitativen Lernleistung. In solchen Klassen kommt es zu hohen solidarischen Leistungen.
Es scheint offensichtlich, dass diese Art des Führungsstils einer optimalen Gruppenentwicklung am ehesten entgegenkommt.

7 Zusammenfassung

Die Frage, von der ausgegangen wurde, war, wie aus einer Ansammlung von Schülern eine Klassengemeinschaft entstehen kann.

Es wurde gezeigt, dass Kommunikations- bzw. Interaktionsprozesse die Voraussetzung für die Entwicklung einer Klassengemeinschaft bilden. Die dabei entstehenden informellen Beziehungen entscheiden über den sozialen Zusammenhalt der Gruppe. Eine Klassengemeinschaft zeichnet sich durch ein Zusammengehörigkeitsgefühl aus, welches sich auf die gesamte Klasse als informelle Gruppe bezieht. Die Tatsache, dass dieser Zustand in der Praxis kaum erreicht wird, bestätigt die Relevanz der Thematik.

Interaktionsspiele helfen nicht nur soziale Strukturen in der Gruppe zu erforschen, sondern auch zu verstehen wie eine Gruppe funktioniert und den Wert des Einzelnen für die Gruppe zu erkennen. Die Akteure finden auf aktive Weise ihre Rolle in der Gruppe und schreiten in ihrer Persönlichkeitsbildung fort.

Die zahlreichen Formen von Interaktionsspielen dienen neben der Erreichung kognitiver Lernziele auch als Übungsfeld für das spätere Alltags- und Berufsleben.

Im Mittelpunkt der Gruppenentwicklung steht die Auseinandersetzung mit den anderen Gruppenmitgliedern. Je ausgeprägter die sozialen Fähigkeiten der Schüler sind, desto erfolgreicher können sie kooperieren und desto wohler fühlen sie sich in ihrer Klassengemeinschaft.

Einerseits wurde die Außenseiterproblematik zwar relativiert, jedoch wurde auch festgestellt, dass soziales Verständnis zu Toleranz und Akzeptanz von abweichendem Verhalten führt.

Bei all den Entwicklungsschritten, welche von den Schülern als Klassengruppe gemacht werden, soll der Lehrer zwar den Überblick bewahren und die Gruppe leiten, jedoch wird deutlich darauf hingewiesen, dass er sich in Zurückhaltung üben muss. Ein kooperativ-partnerschaftlicher Führungsstil dient sowohl den kognitiven als auch affektiven Leistungen der Schüler und fördert die Klassengemeinschaft.

7.1 Pan-Optikum

→ Eine gute Klassengemeinschaft steigert das Wohlbefinden und die Leistungsfähigkeit der Schüler und wirkt entlastend für den Lehrer; Störungen im Unterricht nehmen stark ab. (S. 15 f.).

→ Erfolgreiche Klassengruppen sind produktive Arbeitsgemeinschaften. (S. 29).

→ *„Ich weiß, ich bin ein Schüler der 1b-Klasse."* und *„Ich fühle mich als Teil der 1b-Klasse."* (S. 34).

→ „Kommunikation ist eine unabdingbare Voraussetzung für die Sozialisation und Persönlichkeitsbildung genauso wie für die Entstehung und den Ablauf von sozialem Geschehen." (S. 37).

→ Hat es ein Lehrer geschafft, sein Vertrauensverhältnis zu den Schülern so auszubauen, dass sie seine Meinung als wichtig erachten, haben seine Äußerungen eine Wirkung auf die in der Klasse geltenden Normen und Werte. (S. 38).

→ Interaktionsspiele können den Kindern helfen, die Stärken ihrer weniger erfolgreichen Mitschüler und somit den Wert für die Gruppe zu erkennen. (S. 45).

→ Solange Unklarheit bzw. ein Orientierungsbedarf herrscht, wird die Aufmerksamkeit von der eigentlichen Tätigkeit abgelenkt. Der Spruch ‚Störungen haben Vorrang' ist nicht nur als Handlungsoption für Lehrer zu verstehen, sondern auch als innere Realität des Menschen. (S. 50 f.).

→ Das, was der Lehrer in seiner Vorbildwirkung tut, wird einen größeren Einfluss auf die Schüler haben, als das, was er sagt. (S. 57).

→ Wer beliebt ist, hat meist auch Macht, wer jedoch Macht hat, ist nicht zwangsläufig beliebt. (S. 58).

→ Der Gruppenleiter wird von der Gruppe darauf getestet, ob er sich kompetent und konsequent verhält. (S. 59).

→ Der Lehrer muss sich in Zurückhaltung und Selbstbeherrschung üben. (S. 65).

→ Es spielt keine Rolle, ob alle Gruppenmitglieder die gleiche Leistung bringen – solange jeder gemäß seinen Talenten und Fähigkeiten seinen Beitrag leistet. (S. 67).

→ Außenseitertum, Toleranz und Integration sind Worte, die einander nicht zwangsläufig ausschließen. (S. 73).

→ „Am allerbesten löst man eine Gruppe dann auf, wenn möglichst alles geklärt ist." (S. 79).

→ Der Lehrer darf auch Fehler machen. Gesteht er den Schülern seine Schwächen ein und entschuldigt sich für falsches Verhalten, fördert dies den Respekt der Kinder und wirkt als Vorbild. (S. 81 f.).

→ „Therapiert kann nur werden, wer es auch zulässt." (S. 82).

→ Die persönliche Freiheit der einzelnen Schüler muss zu jeder Zeit respektiert werden. (S. 83).

→ Das Verhalten der Gruppenmitglieder spiegelt die Beziehung des Führers zu den Geführten wider. (S. 84).

Literaturverzeichnis

Primärliteratur

Abels, Heinz/Stenger, Horst:
Gesellschaft lernen. Einführung in die Soziologie (2. durchgesehene Auflage). Opladen 1989

Ardelt-Gattinger, Elisabeth/Lechner, Hans/Schlögl, Walter (Hrsg.):
Gruppendynamik: Anspruch und Wirklichkeit der Arbeit in Gruppen. Göttingen 1998

Badegruber, Bernd:
Spiele zum Problemlösen: für Einsteiger im Alter von 6 bis 12 Jahren (7. Auflage). Linz 2002

Bellebaum, Alfred:
Soziologische Grundbegriffe: eine Einführung für soziale Berufe (11., überarbeitete Auflage). Stuttgart 1991

Fiebig, Hartmut/Winterberg Frieder:
Wir werden eine Klassengemeinschaft. Soziales Lernen in der Orientierungsstufe. Mühlheim an der Ruhr 1998

Hartfiel, Günther/Hillmann, Karl-Heinz:
Wörterbuch der Soziologie (3., überarbeitete und ergänzte Auflage). Stuttgart 1982

Klippert, Heinz:
Teamentwicklung im Klassenraum. Übungsbausteine für den Unterricht. Weinheim 1998

Korte, Hermann/Schäfers, Bernhard (Hrsg.):
Einführung in Hauptbegriffe der Soziologie (4., verbesserte und aktualisierte Auflage). Opladen 1998

Langmaack, Barbara/Braune-Krickau, Michael:
Wie die Gruppe laufen lernt (7. Auflage). Weinheim 1998

Lehrplan der Volksschule (9. Auflage, Nachdruck). Wien 2002

Mayrhofer, Erich:
Schule als gelebter Widerspruch. Empirische Untersuchung zur Schule an der Basis. Linz 2004

Meyer, Hilbert:
Unterrichtsmethoden. 2. Praxisband. Frankfurt am Main 1987

Petillon, Hans:
Das Sozialleben des Schulanfängers. Die Schule aus der Sicht des Kindes. Weinheim 1993

Rechtien, Wolfgang:
Angewandte Gruppendynamik. Ein Lehrbuch für Studierende und Praktiker (3. Auflage). Weinheim 1999

Reisch, Renate/Schwarz, Guido:
Klassenklima – Klassengemeinschaft. Soziale Kompetenz erwerben und vermitteln! Wien 2002

Rogers, Carl R.:
Encounter-Gruppen. Das Erlebnis der menschlichen Begegnung (6. Auflage). München 1974

Rotthaus, Wilhelm:
Wozu erziehen? Entwurf einer systemischen Erziehung (4. Auflage). Heidelberg 2002

Schachl, Hans:
Was haben wir im Kopf? Die Grundlagen für gehirngerechtes Lernen (2. Auflage). Linz 1998

Schäfers, Bernhard (Hrsg.):
Einführung in die Gruppensoziologie. Heidelberg 1980

Schäfers, Bernhard (Hrsg.):
Grundbegriffe der Soziologie. Opladen 1986

Schulz von Thun, Friedemann:
Miteinander reden 1. Störungen und Klärungen. Allgemeine Psychologie der Kommunikation (Sonderausgabe). Reinbek bei Hamburg 2003a

Schulz von Thun, Friedemann:
Miteinander reden 2. Stile, Werte und Persönlichkeitsentwicklung. Differentielle Psychologie der Kommunikation (Sonderausgabe). Reinbek bei Hamburg 2003b

Springer, Katharina:
Ich seh dich: Lesebuch für einen individuellen, entwicklungsfördernden und heilsamen Unterricht. Linz 1990

Stahl, Eberhard:
Dynamik in Gruppen. Handbuch der Gruppenleitung. Weinheim 2002

Stanford, Gene:
Gruppenentwicklung im Klassenraum und anderswo: praktische Anleitung für Lehrer und Erzieher (Hrsg., überarbeitet und kommentiert von Schreiner, Günther, 7. Auflage). Aachen 2002

Straub, Jürgen/Kempf, Wilhelm/Werbik Hans:
Psychologie: Eine Einführung. Grundlagen, Methoden, Perspektiven (4. Auflage). München 2002

Tschira, Antje:
Wie Kinder lernen – und warum sie es manchmal nicht tun. Über die Interaktionen zwischen System und Umwelt im Lernprozess. Heidelberg 2003

Vopel, Klaus W.:
Interaktionsspiele für Kinder: affektives Lernen für 8- bis 12jährige. Teil 3. Kommunikation – Körper – Vertrauen (7. Auflage). Salzhausen 1996

Wellhöfer, Peter R.:
Gruppendynamik und soziales Lernen: Theorie und Praxis der Arbeit mit Gruppen. Stuttgart 1993

Sekundärliteratur

Brüggen, G.: Möglichkeit und Grenzen der Soziometrie. Neuwied 1974 in Schäfers, Bernhard (Hrsg.): Einführung in die Gruppensoziologie. Heidelberg 1980

Csikszentmihalyi, Mihaly: Das Flow-Erlebnis (5. Auflage). Stuttgart 1993 in Tschira, Antje: Wie Kinder lernen – und warum sie es manchmal nicht tun. Über die Interaktionen zwischen System und Umwelt im Lernprozess. Heidelberg 2003

Geißler, Karlheinz A.: Lernprozesse steuern. Übergänge: Zwischen Willkommen und Abschied (2. Auflage). Weinheim 1999 in Tschira, Antje:
Wie Kinder lernen – und warum sie es manchmal nicht tun. Über die Interaktionen zwischen System und Umwelt im Lernprozess. Heidelberg 2003

Hall, Jay: Toward Group Effectiveness. Conore, Texas, Teleometrics International. 1971 in Stanford, Gene: Gruppenentwicklung im Klassenraum und anderswo: praktische Anleitung für Lehrer und Erzieher (Hrsg., überarbeitet und kommentiert von Schreiner, Günther, 7. Auflage). Aachen 2002

Hofstätter, Peter R.: Gruppendynamik. Kritik der Massenpsychologie. Reinbek 1986 in Wellhöfer, Peter R.: Gruppendynamik und soziales Lernen: Theorie und Praxis der Arbeit mit Gruppen. Stuttgart 1993

Hurrelmann, Klaus (Hrsg.): Leistung und Versagen. Alltagstheorien von Schülern und Lehrern. München 1980 in Tschira, Antje: Wie Kinder lernen – und warum sie es manchmal nicht tun. Über die Interaktionen zwischen System und Umwelt im Lernprozess. Heidelberg 2003

Lewin-Lippitt-White-Tausch/Tausch in Mayrhofer, Erich: Leben in sozialen Netzwerken II: Mikro- und makrosoziale Strukturen. Linz 2003

Macholdt, T./Thiel, T.: Der Übergang vom Elementar- zum Primarbereich. 1984 in Petillon, Hanns: Das Sozialleben des Schulanfängers. Die Schule aus der Sicht des Kindes. Weinheim 1993

Putz-Osterloh, Wiebke/Thieme, W.: Über Einflussfaktoren auf die Leistung und Interaktionsformen beim Problemlösen in Gruppen. Hamburg 1994 in Ardelt-Gattinger, Elisabeth/Lechner, Hans/Schlögl, Walter (Hrsg.): Gruppendynamik: Anspruch und Wirklichkeit der Arbeit in Gruppen. Göttingen 1998

Shaked J.: Die psychoanalytische Großgruppe – Freudianische und Kleinianische Ansätze. In Gruppenpsychologie und Gruppendynamik 1/1993 in Tschira, Antje: Wie Kinder lernen – und warum sie es manchmal nicht tun. Über die Interaktionen zwischen System und Umwelt im Lernprozess. Heidelberg 2003

Sherif, Muzafer: Superordinate goals in the reduction of intergroup conflict. American Journal of Sociology, 63, 1956 in Stanford, Gene: Gruppenentwicklung im Klassenraum und anderswo: praktische Anleitung für Lehrer und Erzieher (Hrsg., überarbeitet und kommentiert von Schreiner, Günther, 7. Auflage). Aachen 2002